Rudi Keller
Der Geschäftsbericht

Rudi Keller

Der Geschäftsbericht

Überzeugende Unternehmenskommunikation durch klare Sprache und gutes Deutsch

Bibliografische Information Der Deutschen Bibliothek
Die Deutsche Bibliothek verzeichnet diese Publikation in der Deutschen
Nationalbibliografie; detaillierte bibliografische Daten sind im Internet über
<http://dnb.ddb.de> abrufbar.

1. Auflage 2006

Alle Rechte vorbehalten
© Betriebswirtschaftlicher Verlag Dr. Th. Gabler | GWV Fachverlage GmbH,
Wiesbaden 2006

Lektorat: Ulrike M. Vetter

Der Gabler Verlag ist ein Unternehmen von Springer Science+Business Media.
www.gabler.de

Das Werk einschließlich aller seiner Teile ist urheberrechtlich geschützt. Jede Verwertung außerhalb der engen Grenzen des Urheberrechtsgesetzes ist ohne Zustimmung des Verlags unzulässig und strafbar. Das gilt insbesondere für Vervielfältigungen, Übersetzungen, Mikroverfilmungen und die Einspeicherung und Verarbeitung in elektronischen Systemen.

Die Wiedergabe von Gebrauchsnamen, Handelsnamen, Warenbezeichnungen usw. in diesem Werk berechtigt auch ohne besondere Kennzeichnung nicht zu der Annahme, dass solche Namen im Sinne der Warenzeichen- und Markenschutz-Gesetzgebung als frei zu betrachten wären und daher von jedermann benutzt werden dürften.

Umschlaggestaltung: Nina Faber de.sign, Wiesbaden
Druck und buchbinderische Verarbeitung: Wilhelm & Adam, Heusenstamm
Gedruckt auf säurefreiem und chlorfrei gebleichtem Papier
Printed in Germany

ISBN 3-8349-0163-6

Inhalt

Einleitung _____ 9

Teil I Theoretische Vorbemerkungen _____ 13

1. Was ist ein Geschäftsbericht? _____ 15
2. Was ist guter Stil? _____ 17
3. Was ist Kommunikation? _____ 19
4. Kommunikationsziele: Kosten und Nutzen _____ 27
5. Kommunikation und Vertrauen _____ 38
6. Kommunikation und Strategie _____ 46
7. Taktik der Textgestaltung _____ 50
8. Der beste Geschäftsbericht _____ 54

Teil II Textoptimierung _____ 57

1. Rechtschreibung _____ **59**
1.1 Wortschreibung _____ 62
1.2 Interpunktion _____ 65

2. Morphologie _____ **68**
2.1 Genus _____ 68
2.2 Numerus _____ 69
2.3 Kasus _____ 74
2.3.1 Kasus nach Präpositionen _____ 76

Inhalt

2.3.2 Kasus von Appositionen ... 80
2.4 Tempus ... 81
2.5 Sprachliche Bezüge ... 87

3. Syntax ... **92**
3.1 Syntaktische Fehler ... 92
3.1.1 Das verschachtelte Genitivattribut ... 95
3.2 Syntaktische Intransparenz ... 97
3.2.1 Satzlänge ... 98
3.2.2 Vorfeld ... 98
3.2.3 Verbalklammer ... 101
3.2.4 Schachtelsatz ... 102
3.3 Syntaktische Monotonie ... 103
3.4 Fokus ... 104

4. Wortwahl ... **107**
4.1 Fachterminologie ... 108
4.2 Fremdwörter ... 110
4.3 Wortwiederholungen ... 111
4.4 Jargonwörter ... 113
4.5 Treffsicherheit ... 115
4.6 Metaphorik ... 116
4.6.1 Bildbrüche ... 117
4.6.2 Verletzende Metaphern ... 119
4.7 Imponierwörter ... 119

5. Stil ... **121**
5.1 Bürokratenstil ... 122
5.1.1 Substantivstil ... 124
5.1.2 Funktionsverbfügungen ... 125
5.1.3 Passivkonstruktionen ... 126
5.1.4 Die dritte Person ... 130
5.1.5 Partizipialattribute ... 131
5.1.6 Bürokratenfloskeln ... 132
5.1.7 Genitivketten ... 133
5.2 Narrativität ... 134

5.3 Leitmotiv — 142
5.4 Humor — 145

6. Aktionärsbrief — 147
6.1 Die Eröffnungsfunktion — 150
6.2 Die Repräsentationsfunktion — 152
6.2.1 Inhaltsaspekte — 153
6.2.1.1 Wahrnehmungsmanagement — 154
6.2.2 Sprachlich-stilistische Aspekte — 158
6.2.2.1 Autoren- und Adressatenbezug — 159
6.2.2.2 Der Dialogcharakter des Briefes — 160
6.2.2.3 Geschriebene Mündlichkeit — 161
6.3 Fazit — 162

7. Textaufbau — 164
7.1 Kapitelaufbau — 165
7.1.1 Redundanz — 166
7.2 Argumentationslogik — 168
7.3 Textkohäsion — 172

8. Textgestaltung — 177
8.1 Aufzählungen — 177
8.2 Diagramme — 180
8.3 Glossar und Stichwortregister — 181
8.4 Kursorische Lektüre — 183

9. Textgliederung — 184
9.1 Hierarchie der Gliederung — 184
9.2 Format der Überschriften — 185

Literatur — 187

Glossar — 191

Stichwortverzeichnis — 199

Der Autor — 203

Einleitung

„Nicht die Sprache an und für sich ist richtig, tüchtig, zierlich, sondern der Geist ist es, der sich darin verkörpert."

Johann Wolfgang Goethe, Maximen und Reflexionen

Dieses Buch handelt vom Handwerk erfolgreicher Unternehmenskommunikation[1] am Beispiel des Geschäftsberichts. Weshalb ich dieses Handwerk am Beispiel des Geschäftsberichts abhandle, hat einen autobiografischen und einen systematischen Grund: Der autobiografische Grund ist der, dass ich seit 1996 als Juror des Bereichs „Sprache" im Rahmen des Wettbewerbs „Der beste Geschäftsbericht" tätig bin, eines Rankings, das die Zeitschrift *manager magazin* jedes Jahr erstellen lässt und in ihrer Oktoberausgabe veröffentlicht. Dank dieser Tätigkeit verfüge ich über einen nahezu unerschöpflichen Fundus an Beispielen gelungener und weniger gelungener Textpassagen. Und diesem Fundus wiederum ist es zu verdanken, dass ich mich in diesem Buch auf genau die Schwächen konzentrieren kann, die tatsächlich systematisch auftreten. Die Wahl der sprachlichen Schwächen, die in diesem Buch behandelt werden, ist empirisch begründet, und die Empfehlungen, die ich daraus ableite, sind linguistisch fundiert. Dies ist der Anspruch, mit dem dieses Buch geschrieben ist.

Der systematische Grund, weshalb ich den Geschäftsbericht als Objekt gewählt habe, ist folgender: Der Geschäftsbericht ist unbestritten die Königsdisziplin der Unternehmenskommunikation.[2] Er wendet sich an die *financial community* ebenso wie an die Mitarbeiter, Kunden, Lieferanten, die Wirtschaftspresse und die soziale Umgebung eines Unter-

---

1 Zur Bestimmung des Begriffs der Unternehmenskommunikation s. Mast 2002.
2 cf. Gohr 2002: 3, Baetge, Kirchhoff 1997: 17 f.

nehmens. Mit ihm präsentiert sich das Unternehmen der Gesamtheit derer, die in einer Interessenbeziehung zu ihm stehen, der Gesamtheit seiner *Stakeholder*. Die meisten Unternehmen betrachten den Geschäftsbericht als ihre „Visitenkarte" und sind dementsprechend bereit, ein erhebliches Maß an Zeit, Geld und Engagement in seine Produktion zu investieren. Daraus folgt, dass man dem Geschäftsbericht im Rahmen der Kommunikation eines Unternehmens eine Musterfunktion beimessen kann. Wer in der Lage ist, einen für sein Unternehmen guten Geschäftsbericht zu verfassen, der wird auch andere Aufgaben der (schriftlichen) Unternehmenskommunikation erfolgreich bewältigen können. Mit anderen Worten: Was man an Geschäftsberichtstexten zeigen und lernen kann, das lässt sich größtenteils auf andere Texte des Unternehmens übertragen.

Bisweilen stoße ich auf die These: „Einen guten Text zu schreiben, das kann man im Grunde genommen nicht lernen. Man kann es entweder oder man kann es nicht." Dies ist schon aus einem sehr trivialen Grunde falsch. Denn alle, die es heute können, konnten es zu irgendeinem Zeitpunkt ihre Lebens noch nicht. Also müssen sie es irgendwann gelernt haben. Eine ganz andere Frage ist, ob man es lehren kann. Nicht alles, was wir können, wurde uns in Form einer expliziten Unterweisung gelehrt. Vieles lernt man intuitiv und gleichsam automatisch. Dazu gehört in einem wesentlichen Umfang der mündliche Gebrauch der Muttersprache – und in vollem Umfang der des Heimatdialektes. Das vorliegende Buch geht selbstverständlich von der Prämisse aus, dass die Fähigkeit, einen ordentlichen Sachtext zu verfassen, sowohl lern- als auch lehrbar ist. Natürlich schlummert in den wenigsten von uns die Begabung eines Hölderlin, Rilke oder eines Thomas Mann. Und natürlich wäre es vermessen anzunehmen, man könne lernen und lehren, Gedichte von der Qualität, wie Rilke sie schrieb, zu verfassen. Aber jeder von uns kann seine Fähigkeiten im Rahmen seiner Talente optimieren. Dazu will dieses Buch eine Handreichung sein. Die Fähigkeit, ordentliche und reputierliche Sachtexte zu verfassen, ist eine durchaus handwerkliche.

Dieses Buch wendet sich an Praktiker, die diese handwerklichen Fähigkeiten verbessern wollen, und an Interessierte, die Praktiker werden wollen. Dazu können Einsichten in die Funktionen dieser Textgattung und das Funktionieren von Kommunikation nicht schaden. Darüber hinaus bedarf es dazu einiger Kenntnisse über linguistische Regularitäten, stilistische und rhetorische Effekte sowie über Prinzipien des Textaufbaus. Demgemäß besteht dieses Buch aus zwei Hauptkapiteln: In Teil I werden die text- und kommunikationstheoretischen Vorüberlegungen dargestellt und erörtert, die dem Autor dabei helfen sollen, beim Schreiben eine adressatenorientierte und textfunktionsbezogene Einstellung zu entwickeln. Teil II „Textoptimierung" – bei weitem der umfangreichere – ist dem linguistischen und rhetorischen Handwerkszeug gewidmet, das man braucht, um erfolgreiche, das heißt funktionsadäquate Texte verfassen zu können. Dieser Teil entspricht in seinem Aufbau dem Kriterienkatalog, der der sprachlichen Prüfung des genannten Rankings zugrunde gelegt wird. Man kann Teil II also lesen als einen ausführlichen Kommentar zu der Checkliste des Prüfbereichs „Sprache". Die Kapitel 1 bis 6 des zweiten Teils betreffen das Handwerk ordnungsgemäßen Formulierens; die Kapitel 7 bis 9 sind Fragen des Textaufbaus gewidmet. Ich habe versucht, das Buch weitestgehend modular zu verfassen, das heißt so zu schreiben, dass jedes Kapitel für sich allein lesbar ist. Außerdem habe ich mich darum bemüht, das Buch von linguistischem Spezialjargon frei zu halten, beziehungsweise diesen, wo er unvermeidlich ist, im Text bzw. im Glossar zu erläutern. Selbstverständlich ist dieses Buch mit dem hehren Anspruch geschrieben worden, dass es alle Ansprüche an einen „ordnungsgemäßen" Sachtext, die in ihm formuliert sind, auch selbst erfüllt. Aus Erfahrung weiß ich aber, dass jeder, der einmal versucht hat, einen weniger gelungenen Textabschnitt zu einer gelungeneren Version umzuschreiben, sehr schnell jede Form von Überheblichkeit verliert. Schreiben ist ein hartes Geschäft, zumal beim Gebrauch der Sprache die Fähigkeit (und die Versuchung) zur Fremdkritik bei den meisten Menschen stärker ausgeprägt ist als die zur Selbstkritik. Deshalb bin ich den Leserinnen und Lesern dieses Buches für jede Form der Kritik und für alle Verbesserungsvorschläge dankbar. Danken will ich auch all denen, die mir bereits in der Entstehungsphase geholfen haben, den Text von mancherlei Unzulänglichkeiten zu reinigen: meinen Kollegen Dietrich Busse und Hans Geisler, zahllosen Studentinnen und Studenten, die Teile dieses

Buches konstruktiv-kritisch gelesen haben und vor allem Andrea Woeste, deren Sprachgefühl ich blind vertraue. Die verbleibenden Unzulänglichkeiten gehen allesamt auf meine Kappe.

Teil I
Theoretische Vorbemerkungen

1. Was ist ein Geschäftsbericht?

Wie muss ein Text beschaffen sein, um den Zielen eines Geschäftsberichts gerecht werden zu können? Dies ist die Frage, die wir in diesem Buch erörtern und so weit wie möglich beantworten wollen. Es geht hier also um die Sprache der Geschäftsberichte, und zwar in erster Linie der Geschäftsberichte von Aktiengesellschaften. Und damit stehen wir bereits vor unserem ersten Problem: Was ist ein Geschäftsbericht? Eine strikte Definition scheint es nicht zu geben, denn der Geschäftsbericht ist kein gesetzlich geregeltes oder definiertes Organ. Gesetzliche Vorschriften gibt es für Aktiengesellschaften lediglich in Bezug auf deren Informationspflichten. Aber kein Unternehmen ist gezwungen, seine Informationspflichten in Form einer Broschüre zu erfüllen, die sich „Geschäftsbericht" nennt. Ein Geschäftsbericht ist also – in gewissem Sinne – eine freiwillige Publikation. Allerdings wählen die meisten Aktiengesellschaften die Form eines Geschäftsberichts, um ihren gesetzlichen Informationspflichten nachzukommen.[3] Die relative Homogenität der Geschäftsberichte ist weitgehend das Ergebnis natürlich gewachsener Konventionen – vielleicht verbunden mit mangelndem Mut zum Besonderen.

Aus der Tatsache, dass der Begriff des Geschäftsberichts nicht gesetzlich definiert ist, folgt freilich nicht, dass der Begriff völlig unklar sein muss. Es folgt daraus lediglich, dass es Grenzfälle geben kann, bei denen wir nicht sicher sind, ob wir sie noch dazuzählen sollen oder nicht. Aber das ist in unserer Alltagssprache ohnehin gang und gäbe: Keiner kann sagen, wo die Grenze zwischen einem Haus und einem Schuppen liegt, und dennoch wissen wir ziemlich gut, was ein Haus ist. Denn wir orientieren uns gemeinhin an einem prototypischen Haus. Und so wollen wir auch mit dem Geschäftsbericht verfahren. Es gibt Broschüren, bei denen zweifelhaft sein mag, ob es sich um einen Geschäftsbericht oder um eine

---

[3] Hütten 2000: Kap. 2 und 3.

16 Was ist ein Geschäftsbericht?

Imagebroschüre handelt. Dennoch wissen wir ziemlich gut, wie ein prototypischer Geschäftsbericht aussieht: Er enthält den Jahresabschluss bestehend aus Bilanz, Gewinn-und-Verlust-Rechnung und Anhang sowie dem Lagebericht. Außerdem enthält er gemeinhin einen Brief des Vorstands(vorsitzenden) an die Aktionäre, den Bericht des Aufsichtsrats, einen Segmentbericht, einen Bericht über die Aktie des betreffenden Unternehmens und deren Performance im zurückliegenden Geschäftsjahr nebst Dividendenvorschlag sowie einen Ausblick auf das nächste Geschäftsjahr. Darüber hinaus kann er noch beliebig viele Informationen über das Unternehmen und dessen geschäftliche und sonstige Aktivitäten enthalten, die es aus der Sicht des Unternehmens verdienen, publik gemacht zu werden. Von Hütten stammt folgender Definitionsversuch:

> Der Geschäftsbericht ist ein in unpersönlichen Kommunikationsprozessen eingesetztes Übermittlungsmedium verschiedener äußerlicher Erscheinungsformen, mittels dessen ein Unternehmen gewöhnlich im (geschäft-)jährlichen Turnus mit der Zielsetzung der Information und Verhaltensbeeinflussung unternehmensbezogene Nachrichten, deren Schwerpunkt auf einer Beschreibung des letzten Geschäftsjahrs liegt, an meist verschiedene, vor allem unternehmensexterne Adressatengruppen vermittelt.[4]

---

[4] Hütten 2000: 32.

2. Was ist guter Stil?

Wir wollen uns hier vor allem mit denjenigen Texten eines Geschäftsberichts befassen, die dem Autor ein relativ großes Maß an sprachlicher Gestaltungsfreiheit lassen, also beispielsweise mit dem Lagebericht oder dem Brief an die Aktionäre. Der Anhang oder der Bericht des Aufsichtsrats interessieren uns weniger – womit nichts über deren Wichtigkeit gesagt sein soll. Aber allgemein gilt: Texte, deren sprachliche Form mehr oder weniger reglementiert sind, eignen sich naturgemäß nicht gut zur Selbstdarstellung. Nur in der Predigt kann der Pfarrer brillieren, nicht im Gebet; denn Stil setzt Wahl voraus. Gibt es so etwas wie *den* guten Stil? Nein, den gibt es nicht. Alle Ratschläge der Art „Fasse dich kurz" oder „Vermeide Passivkonstruktionen" oder „Vermeide Adjektive" haben eines gemeinsam: Sie übergeneralisieren. Betrachten wir zum Beispiel kurz die in der Ratgeberliteratur so beliebte Passiv-Schelte und vergleichen wir die folgenden beiden Variationen:

(1) *Diese branchenspezifische Entwicklung wurde noch verschärft durch den weltweiten Konjunkturabschwung.*

(2) *Diese branchenspezifische Entwicklung verschärfte noch der weltweite Konjunkturabschwung.*

(2') *Der weltweite Konjunkturabschwung verschärfte noch diese brachenspezifische Entwicklung.*

Satz (1) ist ein Passivsatz und die anderen beiden Sätze sind dessen Aktiv-Varianten in unterschiedlicher Wortstellung. Jeder wird mir beipflichten: Der Passivsatz (1) ist eindeutig klarer und stilistisch besser als die beiden Aktiv-Versionen (2) und (2'). Woran das liegt, sei hier nur angedeutet, denn wir werden darauf ausführlich zurückkommen. In Satz (1) wird der Sinn des Satzes von der Syntax unterstützt: Der inhaltliche Fokus des Satzes liegt auf dessen Subjekt. Der Autor will etwas sagen über

18 Was ist guter Stil?

die branchenspezifische Entwicklung und nicht darüber, was der weltweite Konjunkturabschwung noch bewirkte; wenn Letzteres im Fokus stünde, wäre (2') die geeignete Version. Die Variante (2) ist außerdem deshalb schlechter, weil sie den Leser syntaktisch in die Irre führt: *Diese branchenspezifische Entwicklung* interpretiert der Leser zunächst fälschlicherweise als Nominativ und nicht, wie es die Satzstruktur verlangt, als Akkusativ. Er muss also während der Lektüre, wenn er bei *der weltweite Konjunkturabschwung* angelangt ist, die Analysestrategie revidieren. Linguisten nennen solche syntaktischen Konstruktionen, die zu einer Revision zwingen, „Holzwegsätze".

Dieses einfache Beispiel zeigt bereits, dass ein pauschalierendes Rezept wie „Vermeide das Passiv" nichts taugt. Für die Sprache gilt dasselbe wie für gutes Design: *Form follows function!* Es gibt keine schlechte Sprache und keinen schlechten Stil „an sich". Unsere Sprache ist zum Beten wie zum Fluchen gleichermaßen geeignet. (Dass man mehr beten und weniger fluchen sollte, mag eine guter Rat sein, aber er ist nicht linguistisch begründbar!) Schlechter Stil kann im Grunde nur heißen: dysfunktionaler Stil. Nun wird vielleicht mancher Leser einwenden: Aber eines muss doch zumindest gewährleistet sein: die Verständlichkeit. Auch hier muss ich enttäuschen. Es gibt durchaus Situationen, in denen es legitim ist, sich so auszudrücken, dass nicht jeder gleich versteht, was gemeint ist. Wir alle machen von dieser Technik hin und wieder Gebrauch. „Schreibe verständlich!" ist ein ebenso übergeneralisierende Rat wir „Vermeide das Passiv!". Außerdem muss man bei Verständlichkeit immer fragen: verständlich für wen? Zwei Tatsachen will ich deutlich in Erinnerung rufen: erstens, dass linguistische Ratschläge von moralischen und sonstigen Ratschlägen verschieden sind, und zweitens, dass guter Stil und gute Sprache nur bestimmbar sind auf der Folie kommunikativer Ziele, der Kommunikationssituation und der Textsorte. Es gibt keinen Stil, der für jeden Zweck geeignet ist; aber es gibt für jeden Zweck einen geeigneten Stil. Denn die Sprache ist ein Universalwerkzeug. Wir müssen also die Frage beantworten: Welche kommunikativen Ziele verfolgt ein Geschäftsbericht? Bevor wir uns jedoch den Zielen in der Kommunikation zuwenden, will ich erläutern, was man sinnvollerweise unter „Kommunikation" verstehen sollte.

3. Was ist Kommunikation?

Kommunikation ist eines der Schlüsselwörter unserer Überlegungen. Deshalb wollen wir eine Weile darauf verwenden zu verdeutlichen, wie man dieses Wort für unsere Zwecke sinnvoll gebrauchen sollte. In älteren Lexika und Wörterbüchern sucht man übrigens das Stichwort „Kommunikation" vergebens; so ist es beispielsweise weder im 18-bändigen „Grimmschen Wörterbuch" verzeichnet (der Buchstabe *K* wurde im Jahr 1873 bearbeitet) noch in dem dreibändigen Lexikon „Der Neue Herder" aus dem Jahr 1952. Letzteres enthält lediglich das Stichwort „Kommunizierende Röhren". Dies macht deutlich, dass sich das Maß der Aufmerksamkeit, die man dem Phänomen der Kommunikation widmet, in den letzten 50 Jahren deutlich gewandelt hat. Kommunizierende Röhren haben mit kommunizierenden Menschen nichts gemein, außer der Tatsache, dass beide jeweils in gewisser Weise „miteinander in Verbindung stehen". Wenn wir von Kommunikation der Menschen reden, so reden wir meist in Metaphern. Doch so schön und nützlich Metaphern sind, so gefährlich sind sie bisweilen auch: Sie können Ansichten von Dingen suggerieren, die sich bei genauerem Hinsehen als unangemessen erweisen. Dies ist der Fall, wenn wir über Kommunikation in der üblichen Transportmetaphorik reden, wie dies in den meisten populären Kommunikationsmodellen der Fall ist. Diesen Modellen gemäß – sie basieren letztlich alle auf dem informationstheoretischen Konzept von Shannon und Weaver (1949) – hat man sich Kommunikation folgendermaßen vorzustellen: Es gibt fünf Faktoren: eine Nachricht, einen Sender, einen Kanal beziehungsweise ein Medium, einen Empfänger und einen Kode. Der Sender verpackt die Nachricht in diesen Kode – man nennt diesen Vorgang „enkodieren" – und schickt das Paket auf einem Kanal zum Empfänger, der dieses wieder auspackt, „dekodiert", und so in den Besitz der Nachricht gelangt. Nach diesem Modell ist Kommunikation die Lösung eines Transportproblems. Den Normalfall menschlichen Kommunizierens erfasst ein solches Modell jedoch nicht.[5] Das merkt man bereits dann, wenn man versucht, ein Beispiel dafür zu geben: Peter enkodiert die Nachricht „Ich habe Hunger" in den Satz „Ich habe Hunger". Welch eine Erkenntnis! Die Verdoppelung kommt notwendigerweise zustande, weil ein Kode immer aus zwei Zeichensätzen besteht, deren Zeichen einander eindeutig zugeordnet sind. Betrachten wir ein Beispiel, wo die Rede vom Enkodieren wirklich sinnvoll ist: Eine einfache Methode, eine beliebige Zahl zu enkodieren, könnte darin bestehen, auf dem PC die jeweilige Ziffern-Taste zusammen mit der „SHIFT"-Taste zu betätigen. Auf diese Weise ließe sich die „Nachricht" *12345* enkodieren in *!"§$%*, und wer den Kode kennt, kann dekodieren, wann ich Geburtstag habe, wenn ich ihm sage, dass ich am =$.!=.!)$" geboren bin. Diese Form der Kommunikation unterscheidet sich ganz wesentlich vom normalen Kommunizieren, etwa wenn wir miteinander reden oder einen Text zu Papier bringen. Denn das Kode-Modell ist in Wahrheit ein Übersetzungsmodell: Die Nachricht, die in der Sprache *12345 ...* gegeben ist, wird in die Sprache *!"§$% ...* übersetzt. Wo aber ist die Nachricht, die ich hier gerade zu Papier bringe, bevor sie in deutscher Sprache vorliegt? Das Kode-Modell unterstellt implizit, es gäbe Nachrichten in „nichtkodierter" Form. Aber welche Form sollte das sein? Eine unkodierte Nachricht ist so etwas wie ein nicht geträumter Traum. Das Modell verschleiert, dass die Botschaft selbst, die es zu „enkodieren" gilt, immer schon in kodierter Weise vorliegt! Deshalb läuft die Redeweise vom Enkodieren notwendigerweise auf eine schlichte Verdoppelung der Welt hinaus: Ich enkodiere die Nachricht, dass ich jetzt eine kurze Mittagspause mache, indem ich sage: „Ich mache jetzt eine kurze Mittagspause." Um sagen zu können, welche Botschaft man enkodieren will, muss man sie bereits enkodiert haben. Mehr noch: Um denken zu können, welche Botschaft man enkodieren will, muss man sie gedacht haben. Und auch dazu braucht man bereits einen Kode, zum Beispiel die deutsche Sprache.

---

5 Shannon und Weaver haben diesen Anspruch auch nie vertreten. Vielleicht ist dies der Grund, weshalb der deutsche Übersetzer „theory of communication" mit „Informationstheorie" übersetzte. Zu den Grenzen der Shannonschen Theorie der Kommunikation siehe Badura 1992: 17 f.

Was ist Kommunikation?

Diese Überlegungen sind nicht rein theoretischer Natur; sie haben unmittelbare praktische Relevanz für unser Thema, denn diese Verdoppelung macht eine wichtige Funktion der Sprache deutlich: Wir benutzen unsere Sprache nicht nur zum Kommunizieren, sondern bereits zum Zweck der Erkenntnis und zum Denken. Wenn wir etwas erkennen oder denken, so tun wir das notwendigerweise in einer Sprache, denn erst eine Sprache liefert uns die Kategorien, in denen wir erkennen und denken. So wenig ich kopfrechnen kann, ohne die Sprache der Algebra beziehungsweise das Dezimalsystem zu benutzen, so wenig kann ich einen Gedanken fassen, ohne meine Sprache zu benutzen. Kopfrechnen ist denken in der Sprache der Algebra. Die Sprache ist nicht die Verpackung unserer Gedanken, sondern der Stoff, aus dem unsere Gedanken sind. Nur weil die Sprache den Stoff darstellt, aus dem unsere Gedanken sind, ist sie so verräterisch! Die Sprache eines Menschen lässt Rückschlüsse darauf zu, „wes Geistes Kind" er ist – nicht wie gut er enkodieren kann! Der unklare Ausdruck eines Gedankens ist in aller Regel der Ausdruck eines unklaren Gedankens. Die Sprache eines Autors ist Ausdruck seiner intellektuellen Verfasstheit. Und deshalb ist es übrigens auch so wichtig, in gesellschaftlich sensiblen Bereichen besonders auf die Wortwahl zu achten. Das System von Begriffen und Werten, das in unserem Sprachsystem tradiert ist, determiniert zwar nicht unser Denken, aber es leitet es. Auch wenn die Bemühungen um sprachliche *political correctness* bisweilen kuriose Blüten treiben, sollte man auf eine gewisse Sorgfalt im Umgang mit Wörtern nicht verzichten. Kommen wir nun nach diesen destruktiven Gedanken über den Begriff der Kommunikation zum konstruktiven Teil.

Kommunikation ist nicht die Lösung eines Transportproblems, sondern eines Beeinflussungsproblems. Ich, der Autor des vorliegenden Textes, will meine Leser mit diesem Text kognitiv beeinflussen. Meine Gedanken sind und bleiben in meinem Kopf. Es gibt keine Möglichkeit, sie in den Kopf eines anderen zu transportieren. Ich habe jedoch die Möglichkeit, etwas zu tun, aus dem der andere schließen kann, was in meinem Kopf vorgeht. Einen bestimmten Typus solchen Tuns nennt man kommunizieren. Wer kommuniziert, will den anderen zu etwas Bestimmtem bewegen und ihm ebendies zu erkennen geben; und der Adressat eines kommunikativen Aktes muss aus den Mitteln, die ihm zur Verfügung stehen – den geäußerten Sätzen sowie dem Kontext- und Situationswissen – erschließen, wozu ihn der Kommunizierende bewegen will. Wenn ich zu meinem Nachbarn „Guten Tag" sage, will ich ihn dazu bringen zu erkennen, dass ich ihn gesehen habe und ihm (weiterhin) wohlgesonnen bin. Kommunikation ist eine Methode, Artgenossen zu beeinflussen, und die Sprache ist ein konventionelles Mittel, dies zu tun. Eine solche Auffassung von Kommunikation stellt den Aspekt des Schließens ins Zentrum und wird deshalb auch *inferenzielle Kommunikationstheorie* genannt. Die Aufgabe des Adressaten ist es nicht, etwas auszupacken, sondern Schlüsse zu ziehen; und die Aufgabe des Kommunizierenden besteht nicht darin, etwas einzupacken, sondern den Adressaten zu den gewünschten Schlüssen zu bewegen, indem er die dazu geeigneten Mittel wählt. Mit einem solchen Konzept von Kommunikation lässt sich beispielsweise erklären, weshalb es für ein Unternehmen ungünstig ist, wenn es sich des Bürokratendeutsch bedient: weil dieses Stilmittel zu Schlüssen einlädt, die nicht im Sinne eines Unternehmens sein können. Doch dazu später. Wir werden sehen, dass die Schlüsse, die beim Kommunizieren eine Rolle spielen, nicht ausschließlich sprachlicher Natur sind.

Ein Grenzfall des Kommunizierens ist das Manipulieren. Vereinfacht lässt sich sagen: Wer kommuniziert, will, dass der Adressat sowohl erkennt, dass der Kommunikator ihn zu etwas Bestimmtem bringen möchte, als auch, wozu der Kommunikator ihn bringen will. Wer manipuliert, will, dass der Adressat gerade nicht – oder nicht vollständig – erkennt, welche kommunikativen Absichten sich hinter dem betreffenden kommunikativen Akt verbergen. Jede Form der Kommunikation in dem hier gemeinten Sinne ist eine Form der absichtsvollen Beeinflussung. Kommunizieren ist ein Spezialfall intentionalen Handelns. Manipulative Kommunikation unterscheidet sich von der reinen Form des Kommunizierens dadurch, dass sie mit verdeckten Mitteln arbeitet. Das muss nicht unbedingt moralisch verwerflich sein. Wir alle nutzen manipulative Formen der Kommunikation tagtäglich! Um ein einfaches Beispiel zu nennen: Wer mit seinem Vorgesetzten spricht in der Absicht, diesen davon zu überzeugen, dass er ein äußerst zuverlässiger und sympathischer Mitarbeiter ist, arbeitet gemeinhin mit verdeckten Mitteln. Es wäre ja nicht im

Sinne des Mitarbeiters, wenn der Vorgesetzte erkennen würde, dass dessen Gesprächsabsicht lediglich darin besteht, ihn von sich einzunehmen. Wir verwenden also das Wort „Manipulation" nicht nur für die moralisch verwerflichen Formen der verdeckten Kommunikation. Die Grenze zwischen moralisch verwerflicher und moralisch integrer Kommunikation ist nicht identisch mit der Grenze zwischen offener und manipulativer Kommunikation.

Wenn wir Kommunikation definieren als ein absichtsvolles Tun, das zum Ziel hat, dem anderen zu erkennen zu geben, dass man ihn zu etwas Bestimmtem bringen will und wozu man ihn bringen will, so haben wir hier einen engeren Sinn von „Kommunikation" im Auge. Oft wird „Kommunikation" auch in einem weiteren Sinne gebraucht. Jeder kennt den berühmten Satz von Watzlawick, Beavin und Jackson: „Man kann nicht nicht kommunizieren."[6] Wenn man Kommunizieren als intentionales Beeinflussen versteht, so kann man sehr wohl nicht kommunizieren. Was Watzlawick und andere hier im Auge haben, ist Folgendes: Wenn ich mich im Wartezimmer eines Arztes hinter einer großen Zeitung verschanze, so kommuniziere ich: „Ich will keine Unterhaltung; lasst mich in Ruhe." In diesem Sinne kann ich tun und lassen, was ich will, es wird immer eine Möglichkeit geben, meine Verhaltensweisen zu interpretieren. Wir können uns dies auch mit der Wahl unserer Kleidung verdeutlichen: Sie können ein Kostüm beziehungsweise einen Anzug mit Krawatte anziehen, um damit Ihre soziale und berufliche Stellung zu dokumentieren. Sie können mit Jeans in die Oper gehen, um Ihrer Unkonventionalität Ausdruck zu verleihen. Was auch immer Sie anziehen, Ihre Wahl kann auf die eine oder andere Art interpretiert werden. Was Sie aber nicht können, ist, aus diesem Spiel ganz auszusteigen. Sie könnten auf die Idee kommen: „Mir geht es auf den Keks, dass, was auch immer ich anziehe, von meiner Umwelt interpretiert wird. Ich mache nicht mehr mit, ich steige aus!" Auch für diese Haltung gibt es die geeignete Kleidung, eben die der Aussteiger. Man kann insofern nicht nicht kommunizieren, als alles, was man tut und unterlässt, interpretierbar ist. Damit wird der Begriff der Kommunikation stark überdehnt. Er geht davon aus,

---

6 Watzlawick, Beavin, Jackson 1971: 53.

24 Was ist Kommunikation?

dass alles, was interpretiert werden kann, kommuniziert worden sein muss. Dieser Aspekt ist durchaus relevant für unser Thema, die Unternehmenskommunikation. Was auch immer Sie sagen oder schreiben, Sie müssen es in einem bestimmten Stil tun. Er kann sachlich sein oder eher literarisch, bürokratisch oder unbeholfen. Welche Wahl auch immer Sie treffen – und oft stehen uns aufgrund eingeschränkter Stilkompetenz nicht allzu viele Optionen zur Verfügung –, Ihre Wahl wird interpretierbar sein. Jede Äußerung – schriftlich oder mündlich – ist immer zugleich eine Form der Selbstdarstellung, ob es einem gefällt oder nicht. Deshalb gilt es, den Aspekt der Selbstdarstellung stets mitzureflektieren, und zwar auch in den Fällen, in denen es einem gerade auf diesen Aspekt nicht besonders ankommt.

Zusammenfassend können wir sagen: Man kann unterscheiden zwischen Kommunikation im engeren Sinne – im Sinne intentionalen und offenen Beeinflussens – und Kommunikation in einem weiteren Sinne – im Sinne von interpretierbaren Begleiterscheinungen des kommunikativen Verhaltens. Beide Aspekte müssen wir im Auge behalten, wenn wir uns über Unternehmenskommunikation im Allgemeinen und über Geschäftsberichte im Besonderen Gedanken machen.

Verstanden zu werden ist, wie bereits erwähnt, nicht das eigentliche Ziel des Kommunizierens. Es ist lediglich ein Mittel zum Zweck. Das eigentliche Ziel des Kommunizierens ist es gemeinhin, den Adressaten in der gewünschten Weise zu beeinflussen. Betrachten wir ein Beispiel: Der Leser dieser Zeilen hat den Text verstanden, wenn es ihm gelungen ist zu erkennen, wovon ich ihn überzeugen möchte. Das Ziel des Lesers sollte sein, den Text zu verstehen. Ich als Autor sollte mich damit nicht zufrieden geben. Mein Ziel ist nicht nur, dass der Leser erkennt, wovon ich ihn überzeugen möchte, dass er also den Text versteht – das ist lediglich ein notwendiges Zwischenziel –, mein eigentliches Ziel ist vielmehr, den Leser tatsächlich zu überzeugen. Das zeigt zweierlei: Erstens, die Ziele des Autors sind nicht identisch mit denen des Lesers, und zweitens, Kommunizieren ist eine Unternehmung, die ganz oder teilweise scheitern kann. Kommunizieren ist riskant. Wenn es mir gelingt, den Leser vollständig von dem, was ich hier darstelle, zu überzeugen, ist meine kommunikative Unternehmung erfolgreich. Wenn der Leser nach der Lektüre feststellt: „Ich habe zwar alles verstanden, glaube aber kein Wort", so ist mir die Kommunikation zwar gelungen – ich konnte mich verständlich machen –, sie war jedoch nicht erfolgreich. Völlig gescheitert sind meine kommunikativen Bemühungen bei dem Leser, der aufrichtig feststellt: „Ich verstehe kein Wort!"

Wenn Kommunizieren eine riskante Unternehmung ist in dem Sinne, dass zwischen völligem Scheitern und vollem Erfolg alle Möglichkeiten gegeben sind, so folgt daraus, dass Kommunizieren prinzipiell ein strategisches Unterfangen ist. Selbstverständlich gibt es sehr viele Kommunikationssituationen, in denen strategische Erwägungen gegen null gehen, weil das Risiko des Scheiterns nicht gegeben ist: Wenn ich mir morgens zwei Brötchen kaufe, gehe ich davon aus, dass meine kommunikativen Akte mit Sicherheit gelingen und erfolgreich sind. Wenn es allerdings Teil meiner kommunikativen Ziele ist, dass ich nicht nur zwei Brötchen bekomme, sondern dass mich die Verkäuferin auch noch nett findet, dann bin ich mir des Erfolgs schon nicht mehr ganz so sicher. (Dem aufmerksamen Leser wird die Analogie dieser Situation mit der des Geschäftsberichtsautors nicht entgangen sein.) Die These, dass Kommunizieren strategische Aspekte hat, gilt also durchaus auch in trivialen Alltagssituationen. Wenn ich mich von jemandem verabschiede, so stehen mir eine Reihe möglicher Abschiedsfloskeln zur Verfügung: *auf Wiedersehen, auf Wiederschauen, tschüs, ade, servus, mach's gut, ciao, adiós, ich wünsche Ihnen noch einen wunderschönen Tag* und einige andere mehr. Ich werde genau die Wahl treffen, von der ich mir verspreche, dass sie meinen kommunikativen Zielen am besten dient. Ziele können sein: Vertraulichkeit oder Distanz zu signalisieren, landschaftliche Herkunft zu verraten, Weltläufigkeit oder Bildung zu dokumentieren, Gruppenzugehörigkeit kundzutun etc. – und natürlich die Verabschiedung selbst. Dieses schlichte Beispiel macht ein weiteres Merkmal des Kommunizierens deutlich: Kommunizieren ist ein *mixed motive game*, ein Spiel, bei dem man versucht, mehrere Fliegen mit einer Klappe zu schlagen. Im Zuge des Verabschiedens beispielsweise betreiben wir gleichzeitig Selbstdarstellung und Beziehungsmanagement. Dies gilt für die meisten Formen des Kommunizierens und für den Geschäftsbericht allemal. Wenn wir sagen, dass Kommunizieren eine strategische Unternehmung ist, so weisen wir damit auf zwei wesentliche Eigenschaften hin: Zum einen impliziert der Begriff der Strategie, dass die einzelnen Handlungsschritte im Dienste eines oder mehrerer übergeordneter Ziele stehen. Zum anderen impliziert er, dass eine Mittel-Zweck-Relation im Spiele ist und damit auch eine Kosten-Nutzen-Kalkulation. Strategisch zu handeln beinhaltet die Kunst, beim Einsatz der Mittel Erfolg und Sparsamkeit miteinander zu versöhnen.

4. Kommunikationsziele: Kosten und Nutzen

Die Sprache der Geschäftsberichte ist sehr oft von dürftiger bis miserabler Qualität. Sätze wie der folgende sind keine Seltenheit:

Vor dem Hintergrund eines im Vorjahresvergleich leicht erhöhten Auftragsbestands in Verbindung mit der geschilderten Belebung zu Beginn dieses Jahres bei relativ kurz laufenden Projekten in der Wärmetechnik wird sich der Umsatz des Unternehmensbereichs Wärme- und Energietechnik voraussichtlich leicht erhöhen.

Man muss nur einige wenige Prinzipien beherzigen, um solche Monster bürokratischer Diktion zu vermeiden oder umformulieren zu können. Auf diese Prinzipien werde ich in den folgenden Kapiteln detailliert eingehen. Um den Unterschied zwischen Bürokratendeutsch und einer lesbaren Variante zunächst intuitiv deutlich zu machen, will ich unkommentiert eine Reformulierung anbieten:

Der Umsatz des Unternehmensbereichs Wärme- und Energietechnik wird im laufenden Jahr voraussichtlich etwas höher ausfallen. Für diese Annahme gibt es zwei Gründe: Zum einen hat sich im Vergleich zum Vorjahr der Auftragsbestand leicht erhöht, zum anderen gab es zu Beginn dieses Jahres eine erfreuliche Belebung bei relativ kurz laufenden Projekten in der Wärmetechnik.

Bereits eine flüchtige vergleichende Lektüre macht deutlich: Es geht hier nicht nur um Ästhetik; es geht auch um Transparenz und damit um Verständlichkeit. Vor allem aber geht es um eine reputierliche Selbstdarstellung! Wenn Behörden dafür bekannt wären, besonders leistungsfähige, kundenorientierte und sympathische Organisationen zu sein, spräche nichts dagegen, sich ihrer Diktion zu bedienen. Aber in diesem Ruf stehen sie nun einmal nicht – zu Recht oder zu Unrecht. Und deshalb sollte man die Sprache der Behörde nicht imitieren. Denn folgender Schluss liegt nahe: Wer redet wie eine Behörde, verhält sich auch wie eine Behörde. Auch hier kommt es nicht darauf an, ob dieser Schluss logisch zwingend ist; es genügt, dass er nahe liegend ist. Bürokratendeutsch sollte man auch dann vermeiden, wenn es leicht verständlich ist – insofern einem an einer positiven Fremdwahrnehmung gelegen ist.

Warum muss man in zahllosen Geschäftsberichten ein so verquastes Deutsch lesen? Der Grund scheint mir darin zu liegen, dass der Geschäftsbericht in der stilistischen Tradition des Protokolls steht: Er war der Rechenschaftsbericht über das abgelaufene Geschäftsjahr. Protokollanten wie Bürokraten streben weder nach Schönheit noch nach Allgemeinverständlichkeit und schon gar nicht nach positiver Selbstdarstellung; sie streben nach sprachlicher Verdichtung! Denn Protokolle werden für die Ablage geschrieben, nicht für die Lektüre! Das führt dazu, dass die Autoren versuchen, möglichst viel Inhalt in einen Satz zu packen.

Ist der Geschäftsbericht von heute kein Rechenschaftsbericht mehr? Doch, diese Funktion hat er immer noch. Aber sie tritt mehr und mehr zurück zugunsten einer anderen. Oder vielleicht treffender gesagt – sie tritt in den Dienst einer anderen: Der moderne Geschäftsbericht ist in hohem Maße ein Medium des Aktienmarketings.[7] Jede börsennotierte Aktiengesellschaft bringt zwei verschiedene Typen von Produkten auf den Markt: ihr eigentliches Produkt und ein Metaprodukt – die Aktie. Die Attraktivität des Metaprodukts auf dem Aktienmarkt ist teilweise eine Funktion der Attraktivität des eigentlichen Produkts auf dem Waren- oder Dienstleistungsmarkt. Aber eben nur teilweise. Jeder weiß es: Eine hervorragende Produktpalette korrespondiert nicht notwendigerweise mit einem hervorragenden Aktienkurs, und ein hervorragender Aktienkurs muss nicht unbedingt auf einer hervorragenden Produktpalette basieren. Aktienmärkte sind noch kommunikationssensitiver als Waren- und Dienstleistungsmärkte, und der Geschäftsbericht ist der vorzüglichste Beitrag zum Aktienmarketing. Die Fachleute scheinen sich darüber einig zu sein, dass zwischen 30 und 40 Prozent der Börsenbewertung eines

---

[7] Zum Aktienmarketing s. Schulz 1999.

Unternehmens kommunikationsabhängig sind.[8] Man sollte solche Zahlenangaben mit einer gewissen Vorsicht genießen, da offenbar niemand genau sagen kann, wie man solche Prozentzahlen gewinnt. Aber zutreffend ist mit Sicherheit Folgendes: Bei der guten alten Reklame ist es – ein wenig karikierend gesagt – so, dass man ein schönes Produkt hat und die Reklame dazu dient, es noch schöner zu reden, damit es sich besser verkauft. Das Produkt ist in diesem „Reklame-Modell" von der Kommunikation logisch unabhängig; Kommunikation ist nach diesem Modell dazu da, den Wert und den Nutzen des Produkts hervorzuheben und zu verbreiten. Die Aktie hingegen ist ein Produkt, bei der die Kommunikation in einem essenziellen Maße bestimmend ist für den Wert. Produkt und Kommunikation sind nicht unabhängig voneinander. Das Produkt selbst ist zu einem erheblichen Teil Produkt der Kommunikation. Der Wert der Aktie ist bestimmt davon, wie das Unternehmen in der so genannten *financial community* wahrgenommen wird. Die öffentliche Wahrnehmung eines Unternehmens ist trivialerweise nicht identisch mit dem Unternehmen selbst. Es muss ein Ziel des Unternehmens sein, Wahrnehmung und Realität zur Deckung zu bringen; dann ist das Unternehmen mit sich im Reinen. Der Geschäftsbericht ist, so besagt ein Klischee, die Visitenkarte eines Unternehmens. Dieses Bild greift zu kurz. Der Geschäftsbericht ist nicht einfach eine Visitenkarte, er ist ein wesentliches Element der Wahrnehmungskonstitution des Unternehmens und damit der Konstitution des Wertes seiner Aktie. In diesem Sinne ist Aktienmarketing immer auch Wahrnehmungsmanagement und umgekehrt. Wir werden auf diese beiden Schlüsselbegriffe zurückkommen.

Was folgt daraus? Daraus folgt, dass die Qualität, die Angemessenheit der sprachlichen Präsentation, nicht unabhängig ist von den Zielen, die ein Unternehmen mit seinem Geschäftsbericht zu erreichen versucht. Dabei können wir unterscheiden zwischen universellen, gleichsam gattungsspezifischen Zielen, die jedweder Geschäftsbericht anstreben sollte, und speziellen, unternehmensspezifischen Zielen, die sowohl von Unternehmen zu Unternehmen als auch von Jahr zu Jahr verschieden sein können. Jedes Unternehmen, das sich daranmacht, einen Geschäftsbe-

---

[8] cf. Baetge und Kirchhoff 1997: 17 sowie Gazdar und Kirchhoff 1999: 21.

richt zu verfassen, sollte sich zuallererst überlegen: „Was ist in diesem Jahr unsere zentrale Botschaft? Was soll beim Leser hängen bleiben, wenn er diesen Text gelesen hat?" Fragen dieser Art kann man nur von Fall zu Fall beantworten, weshalb wir uns hier lediglich an den allgemeinen Zielen orientieren.

Welches sind die allgemeinen Ziele? Diese haben sich in den letzten beiden Jahrzehnten des 20. Jahrhunderts dramatisch verändert. Wenn man beispielsweise den Geschäftsbericht der Harpen AG aus dem Jahre 1985 aufschlägt, so findet man auf der ersten bedruckten Seite folgenden Text: „Wir gedenken in Trauer und Dankbarkeit aller Mitarbeiter und Pensionäre, die der Tod im Jahre 1985 von uns nahm." Fünfzehn Jahre später steht an gleicher Stelle: „The Future is Now!" Besser lässt sich der Funktionswandel nicht symbolisieren! Der Geschäftsbericht hat sich gewandelt von einem rein rückwärts gewandten Rechenschaftsbericht zu einem Instrument der Selbstdarstellung, in dem Rechenschaft abzulegen nicht mehr Selbstzweck ist, sondern seine Funktion hat im Prozess der Vertrauensbildung. Vertrauen ist die Mutter der Überzeugungskraft. Auch das überzeugendste Argument läuft ins Leere, wenn es nicht getragen ist von Vertrauen. Damit sind wir bei unserem dritten Schlüsselbegriff, der im Verlauf unserer Überlegung eine eminente Rolle spielt: dem Begriff des Vertrauens. Vertrauen ist in gewisser Weise janusköpfig: rückwärts basiert und vorwärts gerichtet. Wir benötigen Vertrauen für die Entscheidungen der Zukunft, und wir gewinnen Vertrauen auf der Basis von Tugenden, die sich in der Vergangenheit bewährt haben. Das gilt für beide Perspektiven, unter denen man das Vertrauensspiel betrachten kann, für die des Vertrauensnehmers wie die des Vertrauensgebers. Wir wollen festhalten: Drei allgemeine Ziele sollte sich ein jedes Unternehmen mit seinem Geschäftsbericht setzen: **Aktienmarketing**, **Wahrnehmungsmanagement** und **Vertrauensbildung**. Dies sind Formulierungen von Zielen, die sich gleichsam auf schwindelnder Höhe befinden. Es sind strategische Ziele der Unternehmenskommunikation insgesamt, in die der Geschäftsbericht als ein Element, vielleicht das wichtigste, eingebunden ist. Damit Ziele auf dieser Abstraktionsebene praktisch umsetzbar werden können, muss man sie herunterbrechen auf eine Ebene, auf der der Weg zum Ziel auch sichtbar wird. Wir haben bereits festgestellt, dass Kommunizieren erstens ein *mixed motive game* und zweitens ein strategisches Spiel ist. „Die Strategie ist der Gebrauch des Gefechts zum Zweck des Krieges", schreibt Carl von Clausewitz[9], auf dessen Werk wir noch zurückkommen werden. Wenden wir uns also nun den untergeordneten Ebenen zu.

Kommunizieren ist riskant. Jeder, der kommuniziert, verfolgt Ziele und verfügt über sprachliche Mittel, diese zu realisieren. Nicht jedes Mittel führt gleichermaßen zum Ziel. Jede Kommunikation kann teilweise oder vollständig scheitern. Das trifft, wie wir bereits gesehen haben, auch für die belanglosesten Kommunikationssituationen zu. Die Formen des Scheiterns können vielfältig sein. Eine ziemlich radikale Form des Scheiterns ist, nicht gelesen zu werden – ein Schicksal, das so manchem Geschäftsbericht widerfährt. Eine andere ist, nicht verstanden zu werden. Beiden Formen ist gemeinsam, dass der Kommunizierende Kosten aufwendet, ohne den erhofften Nutzen daraus zu gewinnen. Jedwede Form des Kommunizieren ist mit Kosten und Nutzenerwartungen verbunden. Wenn wir von Kosten und Nutzen des Kommunizierens reden, so ist es wichtig, darauf hinzuweisen, dass dies nicht in einem materiellen oder gar in einem monetären Sinne gemeint ist. Der Nutzen einer kommunikativen Unternehmung kann beispielsweise darin bestehen, für sympathisch gehalten zu werden oder in den Himmel zu kommen. In jedem Falle aber gilt: Wer kommuniziert, will den Nettonutzen optimieren. Wenn es mir wichtig ist, ein gottgefälliges Leben zu führen, werde ich andere Handlungswahlen treffen als derjenige, dem es in erster Linie auf Wohlstand ankommt. Gleichwohl wird auch derjenige versuchen, seinen Nettonutzen zu optimieren, dem das gottgefällige Leben besonders am Herzen liegt. Er wird nämlich genau die Wahlen treffen, die ihn dem Ziel, in den Himmel zu kommen, näher bringen. Was für die Alltagskommunikation gilt, trifft auf Geschäftsberichte ebenfalls zu. Denn nicht nur die Tätigkeit des Autors ist mit Kosten und Nutzenerwartungen verbunden, sondern auch die des Lesers. Und diese beiden Kosten-Nutzen-Kalkulationen stehen sich nicht unverbunden gegenüber. Der Autor kann nur dann erwarten, seine Kommunikationsziele optimal zu erreichen, wenn es ihm

---

[9] Clausewitz 1832/1990: 148.

32 Kommunikationsziele: Kosten und Nutzen

gelingt, seine Kommunikation so zu gestalten, dass die Kosten-Nutzen-Kalkulation des Lesers für diesen ebenfalls ein positives Ergebnis hervorbringt. Mit anderen Worten, der Autor sollte bemüht sein, die Kosten des Lesers zu minimieren und dessen Nutzen zu maximieren. Nur wenn es ihm gelingt, den Nettonutzen des Lesers möglichst positiv zu gestalten, wird es ihm gelingen, selbst positiven Nettonutzen zu erzielen. Dies ist das Prinzip der Leserorientierung – ein Spezialfall von Kundenorientierung. Der Leser ist der Kunde des Autors. Wie sehen, in verallgemeinerter Form, die Kosten-Nutzen-Kalkulationen des Autors und des Lesers aus? Zur Veranschaulichung will ich die Darstellungsform des Strukturbaums wählen:

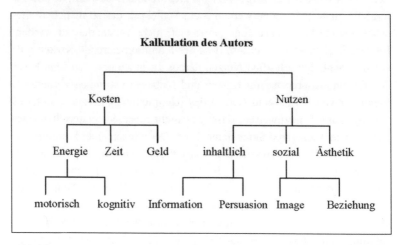

Abbildung 1: Kosten-Nutzen-Kalkulation des Autors

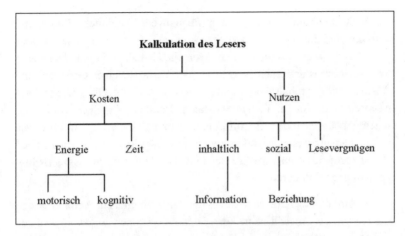

Abbildung 2: Kosten-Nutzen-Kalkulation des Lesers

Zunächst einmal fällt auf, dass die Nutzenerwartungen des Lesers nicht symmetrisch sind zu denen des Autors. Salopp gesagt heißt das: Die Gründe, aus denen einer etwas liest, sind nicht identisch mit den Gründen, aus denen der Autor den Text geschrieben hat. Doch ehe wir die Unterschiede betrachten, will ich entlang der drei Stufen erläutern, wie diese Bäume zu lesen sind, und zwar am Beispiel des Autors:

1. Der Autor hat bei seiner kommunikativen Unternehmung **Kosten** mit **Nutzen** zu verrechnen.

2. Seine Kosten betreffen die aufzuwendende **Energie** sowie **Zeit** und **Geld**. Die Nutzenerwartungen können zum einen den **Inhalt**, zum anderen **soziale** Phänomene betreffen; außerdem spielt **ästhetischer** Nutzen eine gewisse Rolle.

3. Bei der Energie handelt es sich um **motorische** Energie (Schreibenergie oder beim Reden artikulatorische Energie) und **kognitive** Energie. Die Nutzenerwartungen inhaltlicher Natur können sich auf den **informativen** und auf den **persuasiven** Gehalt (die Überzeugungskraft) beziehen. Auf der sozialen Seite können die Nutzenerwartungen die **Beziehung** betreffen oder das **Image**, also die eigene Selbstdarstellung.

Dieser Strukturbaum gilt im Prinzip für jedwede sprachliche Kommunikation, wobei die Nutzenerwartungen – je nach Textgattung – sehr unterschiedlich gewichtet sein können. Wer ein Gedicht schreibt, legt mehr Wert auf den ästhetischen Nutzen als der Verfasser einer Gebrauchsanweisung, bei der inhaltliche Aspekte überwiegen. Eine Glückwunschkarte schreibt man vornehmlich aus sozialen Gründen. Wir haben den inhaltlichen Aspekt expandiert in „Information" und „Persuasion". Informieren wollen und überzeugen wollen gehen zwar häufig Hand in Hand; aber das ist nicht notwendigerweise der Fall. Der Unterschied lässt sich folgendermaßen definieren:

▶ Der Autor intendiert, den Adressaten zu **informieren**, wenn er etwas äußert in der Absicht, dem Adressaten zu erkennen zu geben, was der Autor für wahr hält.

▶ Der Autor intendiert, den Adressaten zu **überzeugen**, wenn er etwas äußert in der Absicht, dem Adressaten zu erkennen zu geben, was der Autor für wahr hält, und mit dem Ziel, dass der Adressat dies ebenfalls für wahr hält.

Salopp lässt sich dies so reformulieren: Wenn ich jemanden informiere, will ich, dass er weiß, was ich glaube. Wenn ich jemanden überzeugen möchte, will ich ihn dazu bringen, meinen Glauben zu teilen.

Der soziale Aspekt ist in diesem Strukturbaum entfaltet in einen Imageaspekt und einen Beziehungsaspekt. Bei einem Bewerbungsschreiben überwiegt der Imageaspekt, der Wunsch, sich selbst (positiv) darzustellen. Ein Gespräch über den Gartenzaun wird häufig ausschließlich zur Pflege gut nachbarlicher Beziehungen geführt. Unter „Beziehung" soll aber nicht nur die positive Beziehung verstanden werden. Auch wer einem „die Meinung" sagt, betreibt Beziehungsmanagement[10]. Wichtig ist an den Aspekten des Image- und Beziehungsmanagements Folgendes: Wer mit einem anderen Menschen kommuniziert, betreibt in den allermeisten Fällen – zumindest unter anderem – Image- und Beziehungsmanagement. Und zwar auch dann, wenn er sich dessen nicht bewusst ist.

---

10 Da der gebräuchlichere Ausdruck „Beziehungspflege" zu sehr auf die freundschaftliche Variante der Beziehung eingeschränkt ist, ziehe ich den neutraleren Terminus „Beziehungsmanagement" vor.

Kommunikationsziele: Kosten und Nutzen

Jeder kommunikative Akt ist eine Form der Selbstdarstellung, auch dann, wenn Selbstdarstellung nicht das eigentliche Ziel des betreffenden kommunikativen Aktes ist, wir haben darauf bereits im letzten Kapitel hingewiesen. Das ist der Grund dafür, dass in einem Unternehmen jeder kommunikative Akt getragen sein sollte von Kompetenz und Zuwendung. Das gilt zumindest für die Kommunikation nach außen, wahrscheinlich aber auch für die Kommunikation nach innen. (Es ist vermutlich auf Dauer nicht möglich, sich nach außen kultivierter Kommunikationsformen zu befleißigen und nach innen zu „schludern".)

Angewandt auf den Geschäftsbericht, besagt dieses Schema Folgendes: Der Autor muss motorische und kognitive Energie, Zeit und Geld aufwenden. Zu dieser Investition ist er (beziehungsweise das Unternehmen) bereit, weil er sich davon den Nutzen verspricht, dass der Geschäftsbericht den Leser **informiert** und **überzeugt**, dass er **Beziehungen pflegt**, das eigene **Image fördert** und dank seiner ästhetischen Merkmale ein gewisses Maß an **Lesevergnügen** bereitet. Genau diese fünf Funktionen sind es, die der Geschäftsbericht erfüllen muss – bei möglichst geringen Kosten. Die Gewichtung der einzelnen Faktoren kann von Fall zu Fall unterschiedlich ausfallen, aber präsent sind immer alle. Auch den Aspekt des Lesevergnügens sollte man nicht gering schätzen. Kommunikation findet meist unter Knappheitsbedingungen statt: Jeder bekommt tagtäglich mehr Kommunikationsangebote – in Form von Anrufen, E-Mails, Broschüren und sonstigen Schriftstücken – als er zu bewältigen willens und fähig ist. Nicht gelesen zu werden, weil der Text zu wenig Leseanreize enthält, ist für den Autor eine ziemlich radikale Form der Fehlinvestition. Aus den genannten fünf Funktionen lassen sich unmittelbar fünf Anforderungen ableiten, die ein Text erfüllen muss:

- Um informieren zu können, muss er **klar**, **verständlich** und **benutzerfreundlich** sein.
- Um überzeugen zu können, muss er **logisch plausibel** und **stringent** sein, **glaubwürdig** und **kompetent**.
- Um das Unternehmensimage zu fördern, muss er **imageadäquat** sein.
- Um Beziehungen pflegen zu können, muss er **sympathisch** und **leserorientiert** formuliert sein.

36 Kommunikationsziele: Kosten und Nutzen

▶ Um Lesevergnügen zu erzeugen, muss er **anregend**, **geistreich** und **kurzweilig** geschrieben sein.

Betrachten wir nun den Strukturbaum, der die Kosten-Nutzen-Kalkulation des Lesers – oder allgemeiner gesagt: des Adressaten – darstellt. Auch für den Leser gilt: Lesen ist mit **Kosten** verbunden, die der Leser auf sich nimmt, weil er sich davon einen **Nutzen** verspricht. Bei einem Schüler, der gezwungen ist, seine Lateinhausaufgaben zu lesen, mag der erwartete Nutzen im Ausbleiben einer Sanktion bestehen; aber immerhin – auch das ist eine Kosten-Nutzen-Kalkulation. Vergleicht man die beiden Strukturbäume, so fällt auf, dass die Kostenseite des Lesers der des Autors entspricht: Auch der Leser investiert bei seiner Lektüre **Energie** und **Zeit** (die sich in Geld umrechnen lässt). Eine signifikante Asymmetrie fällt auf der Nutzen-Seite auf und zwar auf der dritten Stufe. Der Autorennutzen „Persuasion" und „Image" findet auf der Leserseite keine Entsprechung. Genau die beiden Faktoren, die für den Autor die wichtigsten Motive gewesen sein können, den Text überhaupt zu verfassen – Überzeugung und Selbstdarstellung – interessieren den Leser überhaupt nicht! Kein Mensch liest eine Broschüre mit dem erklärten Ziel: „Ich will mich von Autor überzeugen lassen und ihm Gelegenheit zur Selbstdarstellung geben." Dies sind ausschließlich Ziele des Autors, die sich lediglich per „Huckepack-Verfahren" erreichen lassen. Der Autor bekommt, was er will, wenn er dem Leser gibt, was der sich verspricht: **Information**, **Zuwendung** und **Lesevergnügen**. Auch hier gilt: Die Gewichtung der einzelnen Faktoren mag von Fall zu Fall unterschiedlich ausfallen. Und es mag Leser geben, die auf Lesevergnügen nicht angewiesen sind, weil sie andere Belohnungen für die Lektüre bekommen – zum Beispiel dafür bezahlt werden. Aber auch denen wird Lesevergnügen nicht schaden. Und was man mit Vergnügen liest, behält man besser.[11] Kurzum: Es liegt im ureigenen Interesse des Autors, seine Texte so zu verfassen, dass die Bilanz des Lesers so positiv wie möglich ausfällt. Nur so kann der Autor die begründete Hoffnung haben, dass seine eigene Bilanz ebenfalls positiv wird. Beim Kommunizieren gilt das Prinzip des *getting by giving*. Unnötige Redundanzen erhöhen den zeitlichen Auf-

---

[11] Zur Memorabilität von Texten s. Leurs 2005.

wand, Schachtelsätze und unklare Logik erhöhen den kognitiven Aufwand. Unverständliche Termini und Bürokratenjargon reduzieren das Lesevergnügen. Und alles zusammen schädigt die Unternehmensreputation. Geschätzt hingegen sind klare Aussagen ohne Geschwätzigkeit, transparente Strukturen – sowohl auf der Satzebene als auch im Textaufbau – und lebendige Wortwahl.

5. Kommunikation und Vertrauen

Vertrauen und Kommunikation gehören inhärent zusammen. Man stelle sich vor – als Gedankenexperiment – man hätte es mit einem Gesprächspartner zu tun, von dem man weiß, dass – in beliebiger Verteilung – 50 Prozent seiner Äußerungen unaufrichtig sind. Ganz offensichtlich wäre Kommunikation mit solch einem Menschen nicht möglich. Es wäre auch für ein Kind völlig unmöglich, in einer solchen Umgebung eine Sprache zu erwerben. Denn offenbar muss ein Kind davon ausgehen, dass die Menschen in seiner Umgebung im Normalfall nicht lügen, wenn sie beispielsweise sagen „Dies ist ein Ball". Kommunikation setzt also in einem sehr fundamentalen Sinne eine Art kommunikatives Urvertrauen voraus, das wir auch unseren Gesprächspartnern ganz selbstverständlich entgegenbringen – selbst wenn wir wissen, dass sie Lügner sind. Auch der Lügner kann nur dann ein erfolgreicher Lügner sein, wenn er im Normalfall die Wahrheit spricht! „Wer das Vertrauen in die Möglichkeit der Kommunikation tatsächlich verliert, der verliert die Bedingung der Möglichkeit von Kommunikation", stellt Juchem[12] zu Recht fest. Wir gehen beim Kommunizieren selbstverständlich davon aus, dass der Gesprächspartner meint, was er sagt; oder, wenn das nicht der Fall ist, dass er so offensichtlich etwas anderes meint, als er sagt, dass der Adressat eine gute Chance hat, dies zu erkennen. In diesem Fall wird der Adressat vom Sprecher gleichsam eingeladen, die Äußerung ironisch oder metaphorisch oder sonst irgendwie nicht-wörtlich zu interpretieren.

Um dieses kommunikative Urvertrauen geht es uns im Zusammenhang mit dem Geschäftsbericht erst einmal nicht, wenn wir sagen, der Geschäftsbericht sei ein Instrument der Vertrauensbildung. Aber es spielt, wie wir gleich sehen werden, eine interessante Rolle. Vertrauensbildung soll in diesem Zusammenhang heißen: Vertrauen in das Unternehmen, in

---

[12] Juchem 1988: 114.

seine Produkte, in sein Management, in seine Aktie usw. Um die vertrauensbildende Funktion des Geschäftsberichts besser verstehen zu können, müssen wir uns klarmachen, was *Vertrauen* in dem für uns relevanten Sinne heißen soll.[13] Und dazu wollen wir uns die Struktur einer so genannten Vertrauenssituation vergegenwärtigen.

Eine Vertrauenssituation ist dadurch gekennzeichnet, dass eine Person, der Vertrauensgeber, eine Wahl trifft, die ihn verletzlich macht für Entscheidungen eines anderen, des Vertrauensnehmers, die er nicht kontrollieren kann. Eine Vertauenssituation ist also ein Spezialfall einer Risikosituation. Eine Möglichkeit, das Risiko für den Vertrauensgeber erträglich zu machen, ist vertrauensbildende Kommunikation seitens des Vertrauensnehmers. Betrachten wir ein sehr einfaches fiktives Beispiel einer typischen Vertrauenssituation:

> Herr Schmidt, ein älterer Herr, möchte zwei Brezeln haben, es ist ihm aber zu beschwerlich, selbst zum Bäcker zu gehen. Vor seiner Haustür sieht er zufällig einen ihm unbekannten Jungen – nennen wir ihn Paul – im Alter von ungefähr zwölf Jahren. Herr Schmidt ruft Paul zu sich und macht ihm folgendes Angebot: „Möchtest du für mich zum Bäcker laufen und mir zwei Brezeln holen? Hier hast du 2 Euro. Eine Brezel kostet 75 Cent. Was übrig bleibt, darfst du behalten. Wenn du die Brezeln hast, klingelst du hier bei ‚Schmidt'.

Diese Situation enthält alle relevanten Merkmale einer Vertrauenssituation. Herr Schmidt gibt Paul 2 Euro in der Hoffnung, dafür zwei Brezeln und eine Dienstleistung zu bekommen. Damit macht er sich verletzlich für Entscheidungen von Paul, denn dieser könnte mit dem Geld auf Nimmerwiedersehen verschwinden. Herr Schmidt begibt sich also in eine Risikosituation. Wenn Herr Schmidt dieses Risiko als zu hoch erachtet, so kann er entweder auf die Brezeln verzichten oder sie selbst holen. Was verleitet Herrn Schmidt als Vertrauensgeber dazu, sich für das Vertrauen zu entscheiden? Er erwartet, dass der subjektive Nutzen dieser Entscheidung größer ist als das Risiko, das er damit eingeht. Und was bringt Paul,

---

13 Es gibt auch andere, verwandte Arten des Vertrauens, auf die wir hier nicht Bezug nehmen: Selbstvertrauen, Gottvertrauen, Vertrauen in ein Auto etc.

den Vertrauensnehmer, dazu, die Verantwortung auf sich zu laden? Auch er erhofft sich davon einen Nettonutzen, 50 Cent leicht verdientes Geld. Der nachfolgende Entscheidungsbaum[14] gibt die allgemeine Struktur der Vertrauenssituation wieder, wobei „A" für den Vertrauensgeber und „B" für den Vertrauensnehmer steht. Die Zeichen „+", „–" und „0" sollen die möglichen Anreize symbolisieren, die Auszahlungen, wie Spieltheoretiker sagen. Die Kombination der Auszahlungen kann von Situation zu Situation verschieden sein. In der vorliegenden Struktur ist eine Situation gegeben, die der von Herrn Schmidt und Paul entspricht.

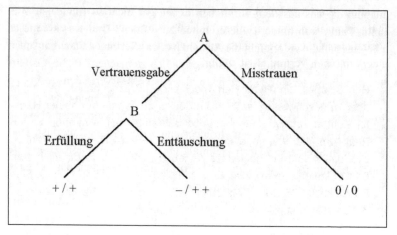

Abbildung 3: Die Vertrauenssituation

Der Baum ist wie folgt zu lesen:

1. *A*, Herr Schmidt, befindet sich in einer Vertrauenssituation. Er kann sich für die Vertrauensgabe entscheiden oder für Misstrauen. Entscheidet er sich für Misstrauen, so hat *A,* Herr Schmidt, die Auszahlung *0* ebenso wie *B*, Paul. Mit anderen Worten, beide haben nichts davon.

2. Entscheidet sich Herr Schmidt für die Vertrauensvergabe, so liefert er sich der Entscheidung von Paul aus.

---

[14] Aus Baurmann und Lahno 2001.

3. Paul kann das Vertrauen erfüllen oder enttäuschen. Erfüllt Paul das Vertrauen, so haben Herr Schmitt und er selbst die Auszahlung +. Mit anderen Worten, jeder hat etwas davon. Enttäuscht Paul das Vertrauen, so hat Herr Schmitt die Auszahlung − und Paul die Auszahlung ++. In diesem Fall hat also Herr Schmitt einen Schaden und Paul einen größeren Nutzen, als er hätte, wenn er das Vertrauen erfüllte.

In dieser besonderen Situation gibt es also für Paul, den Vertrauensnehmer, einen Anreiz, das Vertrauen zu enttäuschen. Dann hätte er 2 Euro gewonnen, ohne eine Gegenleistung dafür erbracht zu haben – eine Situation, die uns aus dem wirklichen Leben gar nicht so fremd ist. Was sollte Paul daran hindern, diese Option zu wählen? Und was könnte er tun – im Falle, dass er nicht die Absicht hat, das Vertrauen zu enttäuschen –, um für Herrn Schmitt das Risiko erträglich zu machen? Es liegt offensichtlich in beiderseitigem Interesse, das Risiko des Vertrauensgebers zu reduzieren. Dessen Risiko lässt sich reduzieren durch einen Zuwachs an Information. Es ist im Interesse von Paul, Herrn Schmitt beispielsweise wissen zu lassen, dass er ein ehrlicher und zuverlässiger Junge ist. Und es ist im Interesse von Herrn Schmidt, eben dies zu erfahren. Eine gute Taktik könnte für Paul auch sein, Herrn Schmidt zu sagen, dass er ganz in seiner Nachbarschaft wohnt. Warum dies? Der Anreiz, sich mit den 2 Euro aus dem Staub zu machen, besteht für Paul nur dann, wenn er die vorliegende Vertrauenssituation als einmalige Gelegenheit betrachtet. Wenn er darauf spekuliert, dass sich eine solche Gelegenheit für ihn öfter bietet, ist es die langfristig profitablere Wahl, das Vertrauen zu erfüllen. Mit anderen Worten: Wenn Paul die gegebene Vertrauenssituation als einmaliges Spiel betrachtet, so ist die Verlockung groß, das Vertrauen zu enttäuschen; betrachtet er sie hingegen als den Beginn eines iterierenden Spiels, so ist der Anreiz, das Vertrauen zu erfüllen, größer. Das ist unter anderem der Grund, weshalb wir einem Straßenhändler gemeinhin weniger vertrauen als dem Besitzer eines alteingesessenen Ladens. Und das ist auch der Grund, weshalb es für Paul nützlich sein kann, Herrn Schmidt zu sagen, dass er ganz in seiner Nachbarschaft wohnt. Denn das ist ein Argument dafür, dass er an einer nachhaltigen Wertentwicklung und an Kundenbindung interessiert ist, nicht am schnellen Euro.

Ich habe diese Geschichte so ausführlich erzählt, weil man an ihr sehr schön die dilemmatische Struktur einer solchen Vertrauenssituation verdeutlichen kann. Wir haben gesehen, dass Paul für Herrn Schmidt die Risikoeinschätzung kalkulierbarer und damit die Vertrauensvergabe leichter machen kann durch eine kommunikative Maßnahme: „Ich bin eine ehrliche Haut und wohne ganz in Ihrer Nähe." Warum aber sollte ihm Herr Schmidt Glauben schenken? Paul könnte ja lügen! Es stellt sich also bezüglich der Information, die Paul gibt, das Problem der Glaubwürdigkeit – und Glaubwürdigkeit ist Vertrauenswürdigkeit im Spiel des Kommunizierens. Jede Kommunikationssituation ist selbst wieder eine Vertrauenssituation: Wenn ich meinem Gesprächspartner Glauben schenke, so haben wir normalerweise, wenn er ehrlich ist, beide einen Nutzen. Wenn ich aber einem glaube, der lügt, so hat er die Auszahlung ++ und mir bleibt der Schaden. Daraus aber folgt: Jedes Unternehmen hat es, so wie unser fiktiver Paul, mit einem zweifachen Vertrauensproblem zu tun: mit einem, das das Geschäft betrifft, und einem, das die Kommunikation über das Geschäft betrifft. Das Unternehmen muss sich also in zweifacher Weise als vertrauenswürdig erweisen. Außerdem sollte es dafür sorgen, dass sich das Vertrauen verstetigt: „Ich bin nicht nur in diesem Fall vertrauenswürdig, sondern prinzipiell." Nachhaltiges Vertrauen nennt man Reputation. Hier sind wir nun an dem Punkt angelangt, an dem die Relevanz der Geschichte für das Thema „Geschäftsbericht" offensichtlich wird: Der Geschäftsbericht muss die Reputierlichkeit des Unternehmens kommunizieren und zugleich für die Reputation seiner Kommunikation sorgen. Das ist die Struktur eines klassischen Dilemmas. Kein Satz kann etwas über sich selbst aussagen. Erschwerend kommt hinzu, dass man auch nicht die eigene Ehrlichkeit beteuern kann. Ich kann meine Ehrlichkeit und Glaubwürdigkeit nicht dadurch kommunizieren, dass ich sage „Ich bin ehrlich und glaubwürdig"! Denn dies sagt nur der, der damit rechnet, dass es Anlass zum Zweifel gibt. Mit einer solchen Äußerung kommuniziert man also, dass man unterstellt, dass der Adressat dies bezweifelt – eine Art *self-defeating prophecy*. Dass man ehrlich und glaubwürdig ist, kann man nicht sagen. Es muss sich zeigen. Unter anderem an der Art und Weise, wie man kommuniziert.

Deshalb ist es so wichtig, nicht nur darauf zu achten, was berichtet wird, sondern auch, wie es berichtet wird. Und dies ist auch der Grund, warum es sich lohnt, jedes Wort auf die Goldwaage zu legen. Vertrauen ist ein soziales Kapital, das man langsam aufbauen und sorgsam pflegen muss, das man aber in einer Sekunde verspielen kann. Deshalb ist auch historische Kontinuität des „Charakters" der Geschäftberichte eines Unternehmens ein Wert an sich. Der Automobilhersteller BMW wäre schlecht beraten, wenn sein nächstes 5er-Modell völlig anders aussehen würde als das gegenwärtige. Wie auch immer es aussehen mag, es sollte aussehen wie ein BMW, der besser aussieht als das Vorgängermodell. Das mag durchaus schwieriger sein, als etwas ganz Neues zu kreieren! Aber die Anstrengung dürfte sich lohnen, denn sie dient der Pflege des wertvollsten sozialen Kapitals, das ein Unternehmen besitzen kann: Vertrauen.

Welche Eigenschaften muss ein Text haben, der zugleich für seine eigene Vertrauenswürdigkeit zu sorgen hat? „Die einfachste Möglichkeit, vertrauenswürdig zu scheinen, ist häufig, vertrauenswürdig zu sein", schreibt Bernd Lahno[15], ein Philosoph, der sich in den letzten Jahren eingehend mit der Theorie des Vertrauens befasst hat. Ein vertrauenswürdiger Text sollte zunächst einmal den linguistischen Grunderfordernissen der sprachlichen Korrektheit und der stilistischen Adäquatheit gerecht werden. Denn in jedem Text spiegelt sich der Geist des Autors. Darüber hinaus sollte ein Text vor allem zwei Bedingungen erfüllen: Er sollte erstens kommunikativ integer sein und zweitens den Leser als Kommunikations-*Partner* ernst nehmen.

Was heißt „kommunikative Integrität"? Ich habe in diesem Kapitel häufiger die Adjektive „ehrlich" und „glaubwürdig" in Kombination verwendet. Die Eigenschaften, die diese beiden Adjektive bezeichnen, sind nicht identisch. Zum einen gibt es glaubwürdige Lügen und unglaubwürdige Wahrheiten; aber, was es in Geschäftsberichten vor allem gibt, sind nutzlose Wahrheiten und Techniken des Verschweigens. Wer Relevantes verschweigt, lügt zwar nicht, aber er setzt seine Glaubwürdigkeit aufs Spiel. Mit anderen Worten: Er ist ehrlich, nicht aber glaubwürdig. Nicht

---

15 Lahno 2002: 34.

jede wahre Aussage stellt eine Information dar, und nicht jede Information ist es wert, gegeben zu werden. Erfolgreiche Techniken, Vertrauen mit kommunikativen Mitteln zu verspielen, sind beispielsweise folgende: Darstellung irrelevanter Details, Weitschweifigkeit ohne inhaltliche Substanz, floskelhafte und übergeneralisierende Aussagen, Pathos ohne passenden Anlass und vor allem inhaltliche Inkonsistenz. Konsistenz sollte nicht nur innerhalb eines Jahresberichts gegeben sein, sondern auch über die Jahre hinweg! Auch tautologisch wahre Feststellungen wie die folgende sind geeignet, den Glauben an die kommunikative Integrität eines Unternehmens zu erschüttern: „Neue gesetzliche Vorgaben haben auch für unsere Gruppe einen entscheidenden Einfluss auf die rechtlichen Rahmenbedingungen." Vertrauensbildend hingegen ist der redliche Umgang mit so genannten *bad news*. „Eine Unternehmung wirkt nicht glaubwürdig, wenn sie nur Positives verkündet, alles andere aber zu verheimlichen sucht. Die meisten Menschen gehen davon aus, dass jede Sache – also auch eine Unternehmung – eine positive und eine negative Seite hat."[16] Über negative Ereignisse sollte man jedoch nicht erst dann berichten, wenn sie sich absolut nicht mehr verschweigen lassen. Vertrauensbildend sind sie nur dann, wenn der Bericht zwei Eindrücke vermittelt: erstens, dass die *bad news* aus freien Stücken berichtet werden, und zweitens, dass das Unternehmen sie konstruktiv nutzen kann, etwa eine Lehre daraus ziehen kann für die Zukunft.

In Zeiten des *world wide web* haben wir im Allgemeinen nicht mehr das Problem, Informationen über einen bestimmten Bereich zu bekommen. Unser Problem besteht meist vielmehr darin, wohl strukturierte, selektierte und nützliche Informationen zu erhalten. Eine wesentliche Aufgabe eines Geschäftsberichts ist es, Informationen nach Maßgabe der Relevanz zu selektieren, zu strukturieren, zu validieren und zu gewichten – mit einem Wort: **Informationsveredelung** zu betreiben. Wer Informationsveredelung betreiben will, muss über die Gabe der Empathie verfügen, muss sich in den Leser hineinversetzen können, muss die passiven Informationsbedürfnisse des antizipierten Lesers mit den aktiven Infor-

---

[16] Thommen 1993: 44.

mationsinteressen des Unternehmens möglichst zur Deckung bringen. Insofern sind die beiden Maximen „Sei kommunikativ integer" und „Nimm deinen Leser als Kommunikationspartner ernst" lediglich zwei Seiten derselben Medaille.

6. Kommunikation und Strategie

Mit dem Wort „Strategie" wird in Geschäftsberichten (und nicht nur da) viel Schindluder getrieben. Es ist Teil des unternehmerischen Imponierrepertoires, vor allem in Verbindung mit den Adjektiven „weltweit", „nachhaltig" und „konsequent". „Unsere Strategie: Nachhaltiges Wachstum" war in einem Bericht in Fettdruck zu lesen. Ein anderes Unternehmen verkündet stolz, dass es „die Strategie der Innovationsführerschaft" verfolge, und ein drittes verfolgt „konsequent die Strategie der verpackungsarmen Fabrik". All dies hat mit Strategie nicht viel zu tun. Die zitierten Autoren halten ihre Ziele bereits für eine Strategie. Es mag eine vernünftiges Ziel sein, nachhaltig zu wachsen (übrigens eines, das sich nicht zum fett gedruckten Alleinstellungsargument eignet), aber wenn man dies als Ziel definiert hat, dann fangen die strategischen Überlegungen erst an. Ein Unternehmen schreibt sinngemäß: „Die aus der Unternehmensstrategie abgeleiteten Ziele bestimmen die Anforderungen unseres Handelns." Umgekehrt wird ein Schuh daraus: Aus den Unternehmenszielen sollte eine Strategie abgeleitet werden, aus der sich dann wiederum das Handeln ableitet.

Wer etwas Grundlegendes zur Theorie der Strategie erfahren möchte, dem sei Carl von Clausewitz' berühmte und brillante Schrift „Vom Kriege" ans Herz gelegt, die erstmals im Jahre 1832 postum erschien. Mein Grund, die Schrift eines preußischen Generals zu empfehlen, liegt nicht darin, dass ich der Meinung wäre, Unternehmensführung hätte viel mit Kriegsführung zu tun. Unternehmensziele sind von Kriegszielen sehr verschieden. Der Grund ist vielmehr folgender: Clausewitz entwirft in diesem Werk am Beispiel der Kriegsführung eine allgemeine Theorie der Strategie, die sich auf sämtliche Phänomene übertragen lässt, die dadurch charakterisiert sind, dass (Gruppen von) Menschen fern liegende Ziele durch koordiniertes komplexes Handeln zu erreichen suchen.

Eine Strategie ist kein Rezept. Ziele, die sich mit einem tauglichen Rezept erreichen lassen, bedürfen keiner Strategie. Strategien benötigt man immer da, wo der Weg, der zum Ziel führt, nicht vorgezeichnet ist, wo er im Dunkeln liegt, „im Nebel einer mehr oder weniger großen Ungewissheit", wie Clausewitz metaphorisch sagt.[17] Strategien sind da erforderlich, wo Entscheidungen auf der Basis partiellen Unwissens getroffen werden müssen; und wo entscheidende Rahmenbedingungen sich erst im Laufe der Ereignisse entwickeln. Wo das eigene Handeln Bedingungen erzeugt, die selbst wieder Rahmenbedingungen für weiteres Handeln sind. Strategien benötigt man da, wo es darauf ankommt, mit „beschränkten Kräften ein großes Ziel zu verfolgen" und diese Kräfte intelligent zu bündeln – „und *gerade genug*"[18]–, dass das Ziel erreicht werden kann. Im Dritten Buch, das die Überschrift trägt „Von der Strategie überhaupt", schreibt von Clausewitz:

> Die Strategie ist der Gebrauch des Gefechts zum Zweck des Krieges; sie muss also dem ganzen kriegerischen Akt ein Ziel setzen, welches dem Zweck desselben entspricht, d. h. sie entwirft den Kriegsplan, und an dieses Ziel knüpft sie eine Reihe von Handlungen an, welche zu demselben führen sollen, d. h. sie macht die Entwürfe zu den einzelnen Feldzügen und ordnet in diesen die einzelnen Gefechte an. Da sich alle diese Dinge meistens nur nach Voraussetzungen bestimmen lassen, die nicht alle zutreffen, eine Menge anderer, mehr ins Einzelne gehender Bestimmungen sich aber gar nicht vorher geben lassen, so folgt von selbst, dass die Strategie mit ins Feld ziehen muß, um das Einzelne an Ort und Stelle anzuordnen und für das Ganze die Modifikationen zu treffen, die unaufhörlich erforderlich werden. Sie kann also ihre Hand in keinem Augenblick von dem Werke abziehen.[19]

Es ist nicht meine Absicht, eine ausführliche Clausewitz-Exegese zu betreiben. Ich will lediglich auf drei zentrale Gedanken, die in der zitierten Passage enthalten sind, hinweisen.

1. Clausewitz unterscheidet zwischen Zweck und Ziel, und aus anderen Passagen wird deutlich, dass das Ziel des Krieges politischen Zwe-

---

17 Clausewitz 1832/1990: 54.
18 Clausewitz 1832/1990: 150 (Hervorheb. des Autors).
19 Clausewitz 1832/1990: 148.

cken zu dienen hat. Ziele sind kriegsintern, Zwecke liegen außerhalb des Krieges. Ob man diese Unterscheidung auf Unternehmen übertragen möchte, hängt davon ab, ob man bereit ist, einem Unternehmen einen unternehmensexternen Zweck zuzubilligen. Für ein Unternehmen des öffentlichen Personennahverkehrs mag dies nahe liegen, für andere Branchen möglicherweise weniger.

2. Eine Strategie muss sämtliche Kräfte auf das Erreichen des obersten Zieles hin koordinieren und bündeln, und zwar „gerade genug". Dabei muss sie eine Hierarchie von untergeordneten Zielen definieren, die taktische Ziele von Gefechten sind.

3. Die Strategie muss „mit ins Feld ziehen", denn der Stratege muss notwendigerweise unter Bedingungen unvollständigen Wissens Entscheidungen treffen. Er muss „unaufhörlich" auf den Einzelfall reagieren, ohne das oberste Ziel aus den Augen zu verlieren.

Wir sehen, eine Strategie im Clausewitz'schen Sinne hat nichts zu tun mit Rezepten. Eine Strategie ist eine Logik zielgerichteten, situationsadäquaten, koordinierten Handelns, und zwar auf einer sehr hohen Ebene der Hierarchie der Ziele. Die hierarchisch niedrigeren Ziele sind Gegenstand taktischer Überlegungen. Wenn man sich dieser mittlerweile klassisch gewordenen Unterscheidung von Strategie und Taktik anschließen möchte, so ergibt sich für den Bereich der Unternehmenskommunikation folgendes Bild: Die Gesamtheit der kommunikativen Bemühungen, die ein Unternehmen seinen Stakeholdern entgegenbringt, ist Gegenstand einer Strategie. Eingebettet in diese übergeordnete Strategie der Kommunikation ist die taktische Ebene der einzelnen „Feldzüge" und „Gefechte". Der Geschäftsbericht befindet sich – metaphorisch gesprochen – auf „Gefechtsebene"; er soll seinen Beitrag leisten zum Kommunikationsportfolio des Unternehmens, das sich beispielsweise zusammensetzen kann aus Analystenkonferenzen, Mitarbeiterzeitung, Roadshows, Zwischenberichten, Pressemitteilungen, Werbung, Internetauftritt, Produktinformationen, Imagebroschüren und vielem anderen mehr. Wenn die strategischen Ziele der Unternehmenskommunikation definiert sind, kann man sich daranmachen, die taktischen Ziele der einzelnen „Feldzüge" und „Gefechte" zu definieren. Erst dann! Denn diese müssen sich der

Strategie unterordnen und einfügen. Deshalb kann man den kommunikativen Wertbeitrag eines Geschäftsberichts im Grunde genommen nur beurteilen auf der Folie der Strategie des gesamten Portfolios der kommunikativen Bemühungen eines Unternehmens – vorausgesetzt, es gibt eine solche. Bei ThyssenKrupp zum Beispiel hat man dies offensichtlich erkannt; dort betrachtet man „den Geschäftsbericht nicht solitär, sondern als Flaggschiff einer integrierten Kommunikation mit dem Kapital- und Medienmarkt. Die unseren Reports zugrunde liegende Konzeption kann daher nur in engem Zusammenhang mit den anderen Aktivitäten der Unternehmenskommunikation und der übergeordneten Konzernstrategie gesehen werden."[20]

Die sprachliche Qualität eines Geschäftsberichts lässt sich freilich auch weitgehend unabhängig von den übrigen Kommunikationsaktivitäten bewerten. Denn auf dieser taktischen Ebene gibt es allgemeine Standards reputierlichen, leserorientierten Schreibens, die erfüllt sein sollten, ganz gleich, welche strategischen Ziele für die Unternehmenskommunikation definiert worden sind. Dass dies möglich ist, liegt daran, dass es Ziele gibt, die strategische Ziele eines jedweden börsennotierten Unternehmens sein müssen. Wir haben sie im vierten Kapitel bereits genannt: Aktienmarketing, Wahrnehmungsmanagement und Vertrauensbildung.

---

[20] Claassen 2003: 152.

7. Taktik der Textgestaltung

Fassen wir kurz zusammen: Der Geschäftsbericht steht in einer dienenden Beziehung zu den strategischen Zielen der Unternehmenskommunikation, die sich unter den Stichworten **Aktienmarketing**, **Wahrnehmungsmanagement** und **Vertrauensbildung** subsumieren lassen. Selbstverständlich sind diese Ziele nicht ausschließlich mit den Mitteln der Unternehmenskommunikation zu erreichen; die Qualität der Produkte stellt im Normalfall immer noch eine „harte" Grundlage der kommunikativen Bemühungen dar. Und selbstverständlich stehen diese Ziele nicht scharf abgegrenzt nebeneinander. Vertrauensbildung ist ein wesentliches Element des Aktienmarketings; das gleiche gilt für das Wahrnehmungsmanagement. Vertrauensbildung kann aber zu einem dominanten Ziel werden, etwa wenn das Vertrauen in das Unternehmen erschüttert wurde oder wenn eine ganze Branche oder gar der gesamte Aktienmarkt durch Vertrauensbrüche ins Wanken geriet, wie etwa durch die US-amerikanischen Bilanzskandale im Jahr 2002. Auch Wahrnehmungsmanagement kann über einen gewissen Zeitraum als vordringliche Aufgabe der Unternehmenskommunikation gesehen werden, etwa wenn ein Unternehmen sich neu aufstellt oder von einer halbstaatlichen Behörde zum internationalen Logistikunternehmen mutiert. Oder wenn im Zuge einer Fusion ein ganz neues Unternehmen entsteht.

Im Rahmen der strategischen Reflexionen, wie die definierten Ziele der Unternehmenskommunikation mit vertretbarem Aufwand zu erreichen sind, muss auf der nächst tieferen Ebene der Zielhierarchie festgelegt werden, welche strategische Rolle dem Geschäftsbericht im Konzert der kommunikativen Maßnahmen beizumessen sei. Diese Ebene wollen wir hier überspringen und damit den Bereich der Strategie verlassen, um uns der taktischen Ebene der sprachlichen Ausgestaltung zuzuwenden. Wir haben genau fünf Bereiche identifiziert, die Zielbereiche kommunikativer Bemühungen sein können – je nach Situation in unterschiedlicher

Taktik der Textgestaltung 51

Gewichtung: Information, Persuasion, Image, Beziehung und Ästhetik. Auf einen Text wie den Geschäftsbericht bezogen heißt das, er muss **informieren**, **überzeugen**, **Image** fördern, **Beziehungen** pflegen und **Lesevergnügen** erzeugen. Aus diesen fünf Zielbereichen haben wir sodann Merkmale abgleitet, die ein Text haben muss, um den Zielen entsprechen zu können. Um informativ zu sein, muss ein Text **klar, verständlich** und **benutzerfreundlich** sein. Um überzeugend zu sein, muss der Stil **logisch plausibel** und **stringent** sein sowie **glaubwürdig** und **kompetent** wirken. Um imagefördernd zu sein, muss der Stil **imageadäquat** sein. Um Beziehungen pflegen zu können, muss der Text **sympathisch** und **leserorientiert** formuliert sein, und um Lesevergnügen erzeugen zu können, muss der Text **anregend, geistreich** und **kurzweilig** geschrieben sein.

So weit das Resümee. Der nächste Schritt, den wir zu tun haben, ist der schwierigste. Wir können uns nämlich mit dieser Ebene der Ziele noch nicht zufrieden geben. Es ist unsere Absicht, die Texteigenschaften möglichst auf beobachtbare und überprüfbare linguistische Merkmale herunterzubrechen. Erst dann haben wir die Beschreibungsebene erreicht, die sich zum Zwecke der Beratung nutzen lässt. Ich will dies am Beispiel des Merkmals der Verständlichkeit erläutern. Ein Text muss allgemein verständlich formuliert sein, um seiner Informationsfunktion nachkommen zu können. Darüber dürfte Einigkeit bestehen. Dass Geschäftsberichtstexte dennoch nicht immer diese Bedingung erfüllen, mag daran liegen, dass mancher Autor und manche Autorin beim Formulieren nicht an den Leser denkt oder dass sie aspektblind geworden sind, das heißt, ihr Spezialwissen fälschlicherweise für Allgemeinwissen halten. Was aber kann ein Geschäftsberichtsautor anfangen mit der Bemerkung: „Ihr Text ist nicht hinreichend verständlich"? Dies ist so, als würde ein Arzt die Diagnose treffen: „Sie sind nicht völlig gesund". Beiden Diagnosen ist eines gemeinsam: Es lassen sich daraus keine praktischen Konsequenzen ableiten, denn es gibt zahllose Ursachen, weshalb ein Mensch krank und ein Text unverständlich sein kann. Verständlichkeit ist genau genommen keine Eigenschaft des Textes, sondern eine Wirkung desselben, die auf Eigenschaften beruht. Und genau diese gilt es zu benennen, wenn die Kritik konstruktiv sein soll. Die folgenden fünf Sätze haben in der Di-

52 Taktik der Textgestaltung

mension der Verständlichkeit allesamt Defizite – aber jeder auf seine Weise:

(1) *Der Mann, der die Frau, die den Hund fütterte, küsste, starb.*

(2) *Im Strombereich lag der Umsatz trotz eines Absatzanstiegs um 5,2 % unter dem des Vorjahres.*

(3) *Entsprechend gegenläufig hoch fällt die Niederschlagsmenge beziehungsweise die Durchschnittstemperatur niedrig aus.*

(4) *FREDDY®-Technologie: Frequenzverdoppelter Dualpuls Nd: YAG Laser.*

(5) *Rund 50 % dieser Summe wurde für die Erforschung neuer und 20 % für die Entwicklung verbesserter Produkte aufgewendet. Von den verbleibenden 30 % unseres Forschungsbudgets wurden 25 für die Weiterentwicklung der Produktionsverfahren und 5 % ausschließlich für neue Methoden und Technologien zur Verfügung gestellt.*

Satz (1) ist sprachlich korrekt, aber schwer verständlich, weil die Relativsätze ineinander verschachtelt sind. Der Leser muss die drei Prädikate *fütterte, küsste, starb* spiegelbildlich den drei Bezugsnomen *Mann, Frau, Hund* zuordnen. (Dieser Satz ist ein konstruiertes Beispiel, aber alle anderen sind Geschäftsberichten entnommen.) In Satz (2) ist der syntaktische Bezug von „um 5,2 %" zweideutig. Satz (3) ist unverständlich, weil er syntaktisch missglückt ist. Das Beispiel (4) ist einem Glossar entnommen, in dem der Autor offenbar glaubt, einen Ausdruck seines nicht allgemein verständlichen Spezialjargons in eben diesem Spezialjargon erklären zu können. Und im fünften Beispiel sind dem Autor die Bezugsgrößen der Prozentangaben durcheinander geraten. Gemeint sind natürlich nicht 5 % von den verbleibenden 30 % des Forschungsbudgets (das wären 1,5 %), sondern 5 % des gesamten Forschungsbudgets.

Mangelnde Verständlichkeit liegt in Satz (1) an mangelnder syntaktischer Transparenz, in Satz (2) an syntaktischer Mehrdeutigkeit, in Satz (3) an syntaktischer Fehlerhaftigkeit, in Satz (4) an der Fachterminologie und in Satz (5) an der fehlerhaften Logik der Aussage. Damit sind längst nicht alle Möglichkeiten erschöpft. Ein Satz kann außerdem an Verständlichkeit einbüßen durch fehlerhafte Orthografie, durch falsche Zeichensetzung, durch fehlenden oder unklaren argumentativen Zusammenhang und vieles mehr. Mit anderen Worten, das Merkmal der Allgemeinverständlichkeit ist ein abgeleitetes. Diagnostisch hilfreich ist es nur dann, wenn es verbunden wird mit der Basis der linguistischen Eigenschaften, die einen Text oder einen Satz verständlich beziehungsweise weniger verständlich machen. Was für das Merkmal der Verständlichkeit gilt, ließe sich auf analoge Weise für sämtliche Merkmale zeigen, die oben genannt sind. Mit dem Ratschlag „Du solltest deinen Text sympathischer und geistreicher formulieren" kann ein Autor – selbst wenn der Ratschlag zu Recht gegeben wird – meist nicht viel anfangen. Stellen Sie sich vor, man würde Ihnen empfehlen: „Sie sollten sich eleganter bewegen." Ich selbst wüsste nicht, auf welche Weise ich meine Bewegungen modifizieren könnte, um eleganter zu wirken. Wenn man mir aber sagt „Nimm die Hände aus den Taschen", dann verstehe ich, was zu tun ist, und kann entscheiden, ob ich das will.

Aus diesem Grunde werde ich folgendermaßen verfahren: Ich werde versuchen, alle linguistischen Eigenschaften aufzugreifen und zu erläutern, die ein Text haben muss, um die oben genannten Funktionen erfüllen zu können. Selbstverständlich werde ich mich dabei möglichst auf die nicht-trivialen Eigenschaften konzentrieren. Wie kann man die trivialen Empfehlungen aus den nicht-trivialen aussieben? Ich werde ein pragmatische, empirisch begründetes Verfahren wählen: Alle die Regeln und Gebote, gegen die in Geschäftsberichten signifikant häufig beziehungsweise systematisch verstoßen wird, greife ich auf; alle anderen betrachte ich als nicht erwähnenswert. Grundlage dieses Vorgehens bilden die Erfahrungen, die ich im Rahmen des Wettbewerbs „Der beste Geschäftsbericht" seit 1996 systematisch sammle. Eine kurze Darstellung der Methodik und der Vorgehensweise dieses Wettbewerbs soll den ersten Teil dieses Buches abschließen.

8. Der beste Geschäftsbericht

In Deutschland wird seit 1982 ein Wettbewerb unter dem Titel „Der beste Geschäftsbericht" ausgetragen. Organisiert wurde er zunächst von der Zeitschrift „Industriemagazin", seit 1995 ist das „manager magazin" der Veranstalter. Beteiligt an der Urteilsfindung sind vier Teams, die die vier Prüfsegmente „Inhaltliche Aussagekraft", „Finanzkommunikation", „Optik" und „Sprache" bearbeiten. Die Prüfergebnisse, die die einzelnen Teams unabhängig voneinander erstellen, werden zu einem Gesamtergebnis verrechnet, wobei die einzelnen Prüfsegmente ihrer Bedeutung für die *financial community* gemäß wie folgt gewichtet werden: Inhaltliche Aussagekraft 50 Prozent, Finanzkommunikation 20 Prozent, Optik 15 Prozent und Sprache ebenfalls 15 Prozent.

Welche Geschäftsberichte werden im Rahmen dieses Wettbewerbs unter die Lupe genommen? Während sich in den Anfangszeiten Unternehmen freiwillig der vergleichenden Bewertung stellen konnten, handelt es sich mittlerweile um ein „feindliches" Ranking, dem sich einzelne Unternehmen weder freiwillig stellen noch entziehen können: Geprüft werden in einem ersten Schritt die Geschäftsberichte sämtlicher Unternehmen, die in den Börsenindizes DAX, MDAX, SDAX, TecDAX und EuroSTOXX gelistet sind; hinzu kommen alle Börsenneulinge des jeweiligen Jahres. Diese Prüfung wird von Wissenschaftlern und Mitarbeitern des Instituts für Revisionswesen der Westfälischen Wilhelms-Universität Münster durchgeführt, die mit dem Prüfsegment „Inhaltliche Aussagekraft" betraut sind.[21] Es handelt sich dabei – je nach Anzahl der Börsenneulinge – um etwa 400 Geschäftsberichte. Nach dieser umfassenden inhaltlichen Prüfung gehen alle 30 Berichte des DAX sowie die jeweils besten 20 Berichte der vier übrigen Indizes und der Börsenneulinge an die drei anderen Prüfteams. Das sind dann – ebenfalls je nach Zahl der Börsen-

---

21 Zur Methode dieses Prüfsegments siehe Baetge, Brötzmann (2003).

neulinge – zwischen 110 und 130 Geschäftsberichte. Auf diese Weise werden Ranglisten der einzelnen Indizes und der Börsenneulinge sowie eine Gesamtrangliste erstellt. Dieses Ranking ist nicht nur das aufwendigste, sondern auch das derzeit wissenschaftlich zuverlässigste der Welt: Die Ergebnisse sind weitgehend intersubjektiv gültig, Kriterien sind aussagekräftig und sie sind – auch das ist bei Rankings nicht selbstverständlich – für jeden öffentlich zugänglich.

Für das Prüfsegment „Sprache" hat sich als praktikabel erwiesen, die Menge der systematisch auftretenden sprachlichen Schwächen und Stärken zu den folgenden neun Bereichen zu bündeln: 1. **Rechtschreibung**, 2. **Morphologie**, 3. **Syntax**, 4. **Wortwahl**, 5. **Stil**, 6. **Aktionärsbrief**, 7. **Textaufbau**, 8. **Textgestaltung** und 9. **Textgliederung**. Diese neun Bereiche werden mithilfe von Fragen zu einer Checkliste aufgefächert. Dabei sind die einzelnen Fragen so formuliert, dass die Antwort „ja" für eine gute Textqualität spricht.

Die Bereiche 1 bis 5 sind nach der „Tiefe" der Phänomene geordnet: Rechtschreibung ist ein sprachliches Oberflächenphänomen, Stil betrifft eine tiefere Schicht eines Textes. Diese fünf Bereiche betreffen das Handwerk des Formulierens, die Bereiche 7 bis 9 beziehen sich auf die Textstruktur. Dem Brief an die Aktionäre ist ein eigener Bereich (6) gewidmet, weil er in einem Geschäftsbericht eine ganz besondere Rolle spielt.

Bei der Sprachbewertung im Rahmen des Wettbewerbs gehen wir wie folgt vor: Für jeden Bereich vergeben wir maximal 15 Punkte. Nach allgemeinem akademischen Usus, entspricht etwa die Hälfte der erreichbaren Punktzahl der Schulnote 4. Die beiden Bereiche ‚Rechtschreibung' und ‚Morphologie' werden bei der sprachlichen Bewertung lediglich mit 50 Prozent gewichtet, sodass insgesamt maximal 120 Punkte erreicht werden können. Für die Verrechnung mit den Ergebnissen der anderen drei Prüfteams werden die Punktzahlen in Prozente umgerechnet; 120 Punkte in der Sprachbewertung entsprechen also 100 Prozent. Dass wir die Bereiche Rechtschreibung und Morphologie mit lediglich 50 Prozent gewichten, hat folgenden Grund: Es ist keineswegs so, dass wir orthografische und morphologische Korrektheit für weniger wichtig hielten als etwa die Syntax oder den Stil. Im Gegenteil – die Fähigkeit zu korrekter Rechtschreibung und Morphologie gehören zur absoluten Grundausstattung eines gebildeten Autors; damit können aber Schwächen in diesen Bereichen einen besonderen „Peinlichkeitswert" haben. Weil das so ist, kommen wirkliche Fehler in diesen Bereichen nur sehr selten vor, sodass die meisten Geschäftsberichte hier eine sehr hohe Punktzahl erreichen. Wenn wir also diesen Bereichen das gleiche Gewicht beimessen würden wie den übrigen Bereichen, so entstünde ein zu großer Sockel, der die Unterschiede zwischen den Geschäftsberichten verschleiern würde.

Ich werde diese neun Bereiche nun in den folgenden neun Kapiteln besprechen anhand von Beispielen, die Geschäftsberichten jüngeren und älteren Datums entnommen sind. Die Textbeispiele sind allesamt authentisch, allerdings so verfremdet, dass es einem Außenstehenden nicht gelingen dürfte, sie den jeweiligen Geschäftsberichten, denen sie entnommen sind, zuzuordnen. In einigen wenigen Fällen werde ich bei positiven Beispielen auch den Namen des Unternehmens nennen. Generell will ich aber vorsichtshalber darauf hinweisen, dass man von einem negativen Beispielsatz auf keinen Fall auf mangelnde sprachliche Qualität des gesamten Textes schließen darf. So kommen zum Beispiel so genannte Stilblüten („Der Platzhirsch musste Federn lassen", „90 Prozent des Investments flossen in Kavernen und Tanklager") in den besten Familien vor (einschließlich der des Autors der vorliegenden Schrift).

Teil II
Textoptimierung

1. Rechtschreibung

Mit Rechtschreibung bezeichnet man die Lehre von der normgerechten einheitlichen Verschriftung der Sprache mithilfe von Buchstaben und Satzzeichen. Der Bereich der Orthografie enthält zwei Komponenten: die Wortschreibung und die Interpunktion.

Unsere heutige orthografische Schreibweise hat sich im Wesentlichen naturwüchsig im 18. und im 19. Jahrhundert herausgebildet. Erstmals offiziell kodifiziert und normiert wurde sie in der Orthografischen Konferenz von 1901. Die erste Neuregelung nach 1901 erfolgte im Jahre 1998. Diese Orthografiereform erzeugte seinerzeit sehr viel Unmut und Proteste, sodass sich die Frage stellt: Musste eine Orthografiereform sein? Meine Antwort darauf ist folgende: Da jede Sprache, die in aktivem Gebrauch ist, sich kontinuierlich verändert, und zwar in all ihren Dimensionen, sind Maßnahmen, die dazu dienen, die Orthografie dem Sprachempfinden „nachzuführen" sinnvoll. Wenngleich gegen unsere letzte Reform im Detail einiges einzuwenden ist, halte ich sie im Prinzip für vernünftig. Die gesprochene Form einer Sprache würde sich von der geschriebenen mit der Zeit sehr weit entfernen, wenn man die Orthografie nicht von Zeit zu Zeit anpassen würde. Im Englischen beispielsweise ist diese Auseinanderentwicklung geschehen. Hier wurde die Orthografie „eingefroren" und die Sprache entwickelte sich weiter. Das Ergebnis ist, dass man bei der englischen Orthografie weder von dem Schriftbild mit Sicherheit auf die Aussprache schließen kann noch vom Lautbild auf die Schreibweise. Man muss – das gilt auch für englischsprachige Kinder – beispielsweise *ad hoc* lernen, dass das Wort, das sich *inaff* ausspricht, *enough* geschrieben wird. Diese historische Schreibweise gibt zwar noch zu erkennen, dass das deutsche Wort *genug* und *enough* etymologisch verwand sind, aber in systematischer Hinsicht ist eine solche Orthografie äußerst unpraktisch. Ein solcher Zustand würde in jeder Sprache, die in einer Buchstabenschrift geschrieben wird, entstehen, wenn man die Orthografie über Jahrhunderte konstant ließe. (Das Chinesische hat dieses Problem nicht, da die chinesischen Schriftzeichen nicht die Lautstruktur abbilden.) Dies spricht dafür, die Orthografie des Deutschen der Sprachentwicklung von Zeit zu Zeit anzupassen. Allerdings muss man dazu nicht alle hundert Jahre eine Großaktion wie die letzte Orthografiereform veranstalten. Besser und schonender für die Bevölkerung wäre es vermutlich, wenn man die Schreibweisen kontinuierlich dem jeweiligen Sprachstand und dem jeweiligen Sprachbewusstsein anpassen würde – wie man das ja in Einzelfällen immer schon stillschweigend getan hat.

Die Orthografie ist eine der wichtigsten Nebensächlichkeiten unserer Sprache! Warum ist das so? Während für die meisten Linguisten die Fragen der Orthografie eher randständiger Natur sind, werden sie von den „normalen" gebildeten Menschen hierzulande für sehr wichtig gehalten. Wie kommt es, dass Laien und die Fachleute die Wichtigkeit der Rechtschreibung so unterschiedlich einschätzen? Der Linguist interessiert sich in erster Linie für die Sprache selbst. Die Art und Weise, wie sie mit grafischen Mitteln repräsentiert oder festgehalten wird, ist für ihn eher zweitrangig. Laien neigen dazu, ihre Sprache in hohem Maße mit verschrifteter Sprache zu identifizieren. Eine Beethoven-Symphonie würde ihren Charakter nicht ändern, wenn man sich entschlösse, das Notationssystem zu modifizieren – beispielsweise eine sechste Notenlinie einzuführen. Dennoch würde ein Aufschrei des Entsetzens durch die Welt der Musiker und Musikliebhaber gehen, wenn dies jemand ernsthaft vorschlagen würde. Das Analoge gilt für die Sprache und das System ihrer Verschriftung. In gewisser Weise wäre es „besser", statt *ihr*, *Bier* und *mir* in einheitlicher Form *ir*, *Bir* und *mir* zu schreiben, denn so sprechen wir diese Wörter aus. Aber da wir als geübte Leser Wörter als ganzheitliche Gebilde aufnehmen – und nicht wie Erstklässler von links nach rechts entlang buchstabieren – stört es unseren Lesefluss erheblich, wenn sich ein Wort auf einmal in einer anderen als der gewohnten Gestalt präsentiert. Das ist vermutlich der Grund dafür, weshalb sich Menschen vehement dagegen wehren, wenn Orthografiereformer beispielsweise vorschlagen, dass *Spaghetti* optional als *Spagetti* geschrieben werden könne. (Die selben Menschen, die das italienische *gh* retten wollen, scheinen den „deutschen" Plural *Spaghettis* aber zu tolerieren). Andererseits stört sich derzeit niemand mehr daran, dass man *cakes* mittlerweile als *Keks* schreibt, *shawl* als *Schal, masque* als *Maske* und *cheque* als *Scheck.* Zahllose Menschen würden vor der Peinlichkeit bewahrt, *Chianti, Zucchini* und *Radicchio* falsch auszusprechen, wenn man stattdessen „Kianti" „Zuckini" und „Radickio" schriebe! Goethe nahm es übrigens in seinem Briefroman *Die Leiden des jungen Werthers* (1774) nicht so genau. Dort findet man unter anderem folgende Schreibweisen: *Ich bin so glücklich* (S. 11), *Das sind glükliche Geschöpfe* (S. 18), *Zuckerbrod* (S. 18), *Zukker* und *Dekkel* (S. 21), *Gräsgen, Würmgen* und *Mückgen* (S. 11), aber *Mädchen* (S. 20). Und *Allliebende* schrieb er selbstverständlich mit drei *l*.[22] Auf Konstanz der Schreibung legte Goethe offensichtlich keinen großen Wert. Von Martin Luther wissen wir, dass er nicht einmal seinen eigenen Namen konstant schrieb; er variierte in seinen Briefen zwischen *Luther, Luter* und *Luder* (wohl die sächsische Variante). Dass wir heute mehr Wert auf eine konstante Schreibweise legen, hat, wie gesagt, einen durchaus rationalen Grund: Wir lesen viel und schnell und wären wohl kaum in der Lage, einen Text mit Verstand zu „überfliegen", wenn die Wörter ab und zu von der gewohnten Gestalt abweichen würden.

Es gibt wohl noch einen zweiten Grund, weshalb gebildete Menschen so großen Wert auf eine korrekte Orthografie legen: Orthografisch korrekt schreiben zu können, gilt hierzulande in hohem Maße als Bildungsindikator. Der Schluss von orthografischen Fähigkeiten auf Bildung mag zwar objektiv unzulässig sein, aber auch er hat einen durchaus rationalen Kern: Die Sprache eines Individuums ist der verlässlichste Indikator für seinen sozialen Status und sein Bildungsniveau, und zwar aus folgendem Grund: Stellen Sie sich vor, Sie sollten nächste Woche als Undercover-Agent in die Skinheadszene eingeschleust werden. Einem routinierten Maskenbildner würde es wohl nicht schwer fallen, Sie äußerlich so herzurichten, dass Sie nicht auffielen. Eines aber würden Sie bis zur nächsten Woche bestimmt nicht schaffen: so zu reden wie ein Skinhead. Die Sprache eines Individuums ist im strengen Sinne des Wortes Teil seiner Person. Jeder ist gegebenenfalls in der Lage, sein Erscheinungsbild von

---

[22] Goethe 1774/1997.

heute auf morgen radikal zu ändern – nicht aber seine Sprache. Denn sie ist Produkt eines langen Prozesses der individuellen Sozialisation. Die Sprache eines Individuums ist Teil der Außenseite seines Charakters. Deshalb ist es durchaus rational, wenn wir – intuitiv und ohne uns dessen bewusst zu sein – unsere Mitmenschen beim ersten Kontakt primär auf der Basis ihres Sprachverhaltens beurteilen. Und die simpelste Weise, gleichsam die Trivialform, das Sprachverhalten anderer zu beurteilen, besteht eben darin, orthografische Richtigkeit zu bewerten. Was für das Individuum gilt, gilt auch für ein Unternehmen. Die Sprachkultur eines Unternehmens ist die Außenseite seiner Unternehmenskultur und ein wesentlicher Indikator zur Beurteilung seines „Charakters".

1.1 Wortschreibung

Texte, die für die Öffentlichkeit bestimmt sind, sollten orthografisch korrekt sein. Dazu gehört eine fehlerfreie Wortschreibung, Getrennt- und Zusammenschreibung sowie – eine Besonderheit des Deutschen – die Groß- und Kleinschreibung. Rechtschreibfehler behindern zwar normalerweise nicht die Kommunikation, aber sie beeinträchtigen die reputierliche Selbstdarstellung – aus den eben dargestellten Gründen. Ein orthografischer Fehler ist wie ein Fleck auf der Krawatte (oder eine Laufmasche) – nicht schlimm, aber unangenehm. Ein Rezept, wie man orthografisch fehlerfreie Texte zustande bekommt, habe ich nicht; ich weiß nur aus eigener Erfahrung, dass der Autor selbst der Letzte ist, der Fehler in seinen Texten findet. Orthografische Fehler stellen aber bei keinem der mir bekannten Geschäftsberichte ein gravierendes Problem dar. Nach der Orthografiereform waren eine Zeit lang orthografische Unsicherheiten zu erkennen, verbunden mit Mischformen aus alten und neuen Schreibweisen; aber auch dies hat sich mittlerweile weitgehend gegeben. Unsicherheiten gibt es derzeit vornehmlich bezüglich der Getrennt- und Zusammenschreibung – selbst beim Dudenverlag: So empfiehlt beispielsweise „Die deutsche Rechtschreibung" (1996) des Dudenverlags die Schreibweise *zufrieden stellend*, während das „Deutsche

Universalwörterbuch" (2001) des Dudenverlags *zufriedenstellend* schreibt. (Da der Komparativ nicht *zufriedener stellend* sondern *zufriedenstellender* heißt, ist die Zusammenschreibung die vernünftigere.) Gelegentlich gibt es auch Unsicherheiten bei der Groß- und Kleinschreibung des Adjektivs „sonstig" in Ausdrücken wie „sonstige Rücklagen". Folgende Regelung scheint mir vernünftig zu sein: Man sollte solche Adjektive groß schreiben genau dann, wenn sie Teil des Namens einer Bilanzposition sind („Sonstige Rücklagen", „Latente Steuern" etc.). Eine solche Regelung dient auch der Eindeutigkeit.

Bei einigen Ausdrücken lässt der Duden – der außerhalb staatlicher Institutionen immer nur Empfehlungscharakter haben kann – alternative orthografische Versionen zu: *so dass* vs. *sodass, auf Grund* vs. *aufgrund* usw. In solchen Fällen sollte man darauf achten, dass eine der beiden Versionen im gesamten Text konsequent durchgehalten wird. Diese Empfehlung gilt im Grunde genommen für alle Fälle, in denen mehr als eine Schreibweise möglich ist, also auch für % vs. *Prozent*, € vs. *EUR* usw. Ein besonderer Fall liegt vor bei Städtenamen, für die es eine deutschsprachige und eine landessprachige Version gibt: *Peking* vs. *Beijing*, *Prag* vs. *Praha*, *Venedig* vs. *Venezia*, *Istanbul* vs. *İstanbul*. Es handelt sich hierbei genau genommen nicht um ein Problem der Orthografie, sondern der geeigneten Sprachwahl. Ein generalisierender Rat lässt sich hier nicht rechtfertigen. Ich würde im Normalfall *Peking* schreiben – und nicht *Beijing* – mit der Begründung: Ich schreibe ja auch nicht *Venezia* für *Venedig* oder *Krungtep* für *Bangkok*. Allerdings muss man wohl einräumen, dass es gute Gründe dafür geben kann – etwa die des Respekts vor Empfindlichkeiten der ausländischen Partner –, die landesübliche Version zu wählen. Hier können Erwägungen der so genannten politischen Korrektheit die ausschlaggebende Rolle spielen.

Systematische Unsicherheiten gibt es offenbar bei zwei Phänomenen: bei der Schreibweise von Zahlen und beim Gebrauch von Bindestrichen. Betrachten wir zunächst die Zahlen. Es gibt einen altbewährten journalistischen Usus: Ganze Zahlen bis zwölf schreibt man als Wörter, alle anderen Zahlen schreibt man in Ziffern – also *drei Roadshows*, aber *15 Mitarbeiter*. Diese Regel sollte man aber nicht sklavisch befolgen. Erstens sollte man Zahlen bis zwölf auch dann in Ziffern schreiben, wenn Maß- oder Währungsbezeichnungen folgen – also etwa *4 km, 11 $* oder *12 %* – oder wenn sie in einer Serie oder einer Aufzählung vorkommen: *Der Bereich beschäftigte im Berichtsjahr 15 Auszubildende, während es im Vorjahr lediglich 12 waren.* In Aussagen dieses Typs fällt der Zahlenvergleich deutlicher ins Auge, wenn beide Zahlen in Ziffern geschrieben sind. Störend für das Auge ist auch folgendes Phänomen:

(1) *Das Geschäftsfeld XY trug im Jahr 2001 3.428 € zum Konzernumsatz bei.*

In diesem Satz kommt es zu einer Ziffernhäufung, da Jahreszahl und Umsatzsumme unmittelbar hintereinander stehen. Dies sollte man vermeiden, entweder durch Umformulierung oder durch Umstellung:

(1') *Das Geschäftsfeld XY trug im Berichtsjahr 3.428 € zum Konzernumsatz bei.*

(1") *Im Jahr 2001 trug das Geschäftsfeld XY 3.428 € zum Konzernumsatz bei.*

Kommen wir nun zu den Bindestrichen. Einige Unternehmen neigen dazu, möglicherweise in Anlehnung an angelsächsische orthografische Gepflogenheiten, zusammengesetzte Ausdrücke der Art *Nord-Süd-Dialog* ohne Bindestriche zu schreiben. Nach den Regeln der deutschen Orthografie sind in solchen Fällen die Bindstriche obligatorisch, also beispielsweise *Critical-Care-Produkte* und nicht *Critical Care Produkte* und *T-Online-Kunden* und nicht *T-Online Kunden*. Ganz schlecht ist es, nur zwischen den beiden letzten Elementen einen Bindestrich zu setzen, weil dadurch der gesamte Ausdruck eine falsche Logik bekommt: *Corporate Governance-Kodex* – das erweckt den Anschein, als handle es sich um eine bestimmte Art eines Governancekodex. Der Bindestrich wird im Deutschen auch als Auslassungszeichen verwendet, wenn man die Wiederholung eines Teils eines Kompositums vermeiden möchte: *Frühlings- und Sommerkollektion* oder *Wintermäntel und -jacken*. Eine solche Auslassung ist aber wirklich nur dann möglich, wenn es sich um zwei parallel gebaute Komposita handelt. So entspricht die Bildung *Schäfer- und Jagdhunde* sowie *große und kleine Hunde* den Regeln der deutschen

Sprache, nicht aber *Schäfer- und kleine Hunde*. Deshalb muss es statt *Liquiditäts- und andere betriebliche Risiken* oder *Tumor- und gesunde Zellen Liquiditätsrisiken und andere betriebliche Risiken* sowie *Tumorzellen und gesunde Zellen* heißen, auch wenn dadurch eine stilistisch unschöne Wortwiederholung entsteht.

1.2 Interpunktion

Rechtschreibung betrifft, wie bereits erwähnt, nicht nur die Schreibweise der Wörter, sondern auch die Interpunktion der Sätze, und hier steht dem Autor ein ganzes Kontinuum von Möglichkeiten offen – von monoton bis lebendig. Erinnern wir uns: Stil setzt Wahl voraus. Die Wahl einer Interpunktion, die den Inhalt einer Textpassage rhetorisch unterstützt, ist ein einfaches und hervorragendes Mittel, einen Text lebendiger zu gestalten. Vergleichen wir die beiden folgenden Versionen:

(2) *Entscheidend ist jedoch die Frage, wie es um die Ertragskraft unserer Gruppe steht.*

(3) *Entscheidend ist jedoch: Wie steht es um die Ertragskraft unserer Gruppe?*

Die zweite Version ist eindeutig der ersten vorzuziehen; sie ist lebendiger und bezieht den Leser dadurch, dass die Frage explizit gestellt wird, unmittelbar in den Fluss der Gedanken mit ein. Natürlich ist der Unterschied nicht zuförderst einer der Interpunktion. Diese ist nur ein Epiphänomen der gewählten Satzstrukturen. Aber die Interpunktion ist ein hervorragender Indikator dafür, ob ein Kapitel aus einer abwechslungsreichen Sequenz von Satzstrukturen besteht. Man kann sich als Autor gewissermaßen selbst dazu überlisten, abwechslungsreiche Satzstrukturen zu erzeugen, indem man versucht, eine abwechslungsreiche Interpunktion zu wählen. Langweilige Texte enthalten nichts als Punkte und Kommata. Gute Texte machen Gebrauch von Semikola, Doppelpunkten, Ausrufezeichen, Gedankenstrichen und von Fragezeichen. Letzteren kommt eine besonders gewichtige rhetorische Funktion zu. Jeder Geschäftsbericht besteht im Prinzip aus Antworten auf Fragen. Ist es nicht verwunderlich, dass in diesen Texten die Fragen, die sie beantworten, nur ganz selten explizit gestellt werden? Dabei bieten Fragen eine Reihe von Vorteilen: Sie bereiten den Leser vor auf das, was kommt; sie eignen sich als Gliederungssignale; sie machen den argumentativen Aufbau einer Textpassage transparent, und vor allem verführen sie den Leser dazu, sich gedanklich aktiv am Argumentationsverlauf zu beteiligen. Sehr weit reichend wurde von der Technik des Fragestellens in dem Geschäftsbericht 2001 der Münchener-Rück-Gruppe Gebrauch gemacht. Bereits auf der Umschlagseite des Berichts werden 22 Fragen gestellt, um dem Leser deutlich zu machen, welche Antworten dieser Bericht zu geben verspricht: „Ist die Welt nicht mehr so, wie sie einmal war? Wie verkraften Versicherer Ereignisse wie den 11. September? Wie behandeln Erst- und Rückversicherer das Terrorismusrisiko?". Einige dieser Fragen werden im Geschäftsbericht als Überschriften wieder aufgenommen. Dies ist eine ausgezeichnete Methode, den Leser neugierig zu machen, ihm bereits auf dem Cover zu vermitteln, was die Lektüre des Textes ihm bietet, und dem Text zugleich einen kohärenzstiftenden Fragehorizont zu geben. Außerdem hat es vermutlich eine heilsame Wirkung der Selbstverpflichtung für den Autor; denn wer explizite Fragen formuliert hat, kann sich dann nicht um die Antworten drücken. Ein positives Beispiel soll noch einmal die Leistung einer abwechslungsreichen Interpunktion vor Augen führen. Zur Verdeutlichung habe ich – was man eigentlich nie tun soll – die Originalpassage (4) in eine langweiligere „Normal-Version" (4') umformuliert:

(4) *Was bieten digitale Drucktechniken unseren Kunden? Sie eröffnen ihnen die Möglichkeit, neue Marktsegmente zu erschließen: Mit digitalem Druck können Druckereien den Trend zu immer schnelleren Durchlaufzeiten und personalisierten Kleinauflagen kostengünstig bedienen.*

(4') *Digitale Drucktechniken eröffnen unseren Kunden die Möglichkeit, neue Marktsegmente zu erschließen. Mit digitalem Druck können Druckereien den Trend zu immer schnelleren Durchlauf-*

zeiten und personalisierten Kleinauflagen kostengünstig bedienen.

Die wesentlichen Prüfbereiche zur Rechtschreibung sind in der nachfolgenden Checkliste aufgeführt. Ich habe die Fragen so formuliert, dass jeweils die Antwort „ja" den erstrebenswerten Zustand beschreibt. Wenn Sie Ihren Text mithilfe dieser Liste überprüfen und alle Fragen mit „ja" beantworten können, sollte er unter orthografischen Gesichtspunkten in Ordnung sein.

Checkliste Rechtschreibung

✓ Ist die Orthografie fehlerfrei?

- Laut-Buchstaben-Zuordnung
- Getrennt-/Zusammenschreibung
- Groß-/Kleinschreibung
- Worttrennung
- Sonstiges

✓ Sind die Schreibweisen einheitlich?

✓ Ist die Interpunktion korrekt?

✓ Werden Satzzeichen als Mittel der Textgestaltung eingesetzt?

- Doppelpunkt
- Semikolon
- Gedankenstrich/Parenthese
- Fragezeichen
- Ausrufezeichen

2. Morphologie

Unter der Morphologie einer Sprache versteht man die Formenlehre, also die Deklination der Substantive, Adjektive, Artikel und Pronomen, die Konjugation der Verben sowie die Komparation (Steigerung) der Adjektive. Ich werde in diesem Kapitel noch zwei Phänomene mitbehandeln, die streng genommen nicht zur Morphologie gehören, aber damit verwandt sind: die sprachlichen Bezüge und die Wahl der Präpositionen. Was damit gemeint ist, werde ich gleich erläutern.

Für die Morphologie gilt dasselbe wie für die Orthografie. Im Großen und Ganzen sind Geschäftsberichte in korrektem Deutsch geschrieben, und das heißt, dass morphologische Fehler nur gering an Zahl sind. Das ist auch zu erwarten, denn die Fähigkeit, normgerecht zu deklinieren und zu konjugieren, gehört zu den Grundelementen der Sprachkompetenz eines gebildeten Muttersprachlers. Aber umso stärker sind Fehler im Bereich der Morphologie geeignet, die Selbstdarstellung zu beeinträchtigen, umso „peinlicher" können sie sein. Ich werde im Folgenden nur auf solche Schwächen eingehen, die in Geschäftsberichten systematisch vorkommen. Sie betreffen die Kategorien des Genus, des Numerus, des Kasus, des Tempus, die sprachlichen Bezüge und die Präpositionen.

2.1 Genus

Dass ein Autor einem Substantiv ein falsches **Genus** (grammatisches Geschlecht, Plural: Genera) zuweist, kommt zwar vor, ist aber selten: Es heißt nicht *Wir verfügen über ein ausgewogenes Mix*, sondern *über einen ausgewogenen Mix*. Bei Wörtern, die aus anderen Sprachen entlehnt sind und relativ selten gebraucht werden, fehlt uns bisweilen die Sicherheit der sprachlichen Intuition. In einem solchen Fall hilft nur ein einschlägiges Wörterbuch. Völlig trügerisch ist übrigens die Annahme, das deutsche Genus müsste sich nach dem Genus der Ausgangssprache richten. Wenn wir uns die französischen Lehnwörter ansehen, so stellen wir fest, dass dies in geradezu systematischer Weise nicht der Fall ist. Sämtliche französischen Substantive auf -*age* sind maskulin, während die deutschen Entlehnungen auf -*age* feminin sind: *le garage – die Garage, le visage – die Visage* etc. Außerdem heißt *le tour de France* im Deutschen *die Tour de France* und *le Rhone* ist *die Rhone*. Wie englische Substantive, die ja in ihrer Ausgangssprache kein Genus haben, zu ihrem deutschen Genus kommen, ist oft rätselhaft: Warum heißt es *die Party, der Brandy* und *das Handy* (dass letzteres kein wirklich englisches Wort ist, spielt hier keine Rolle) und warum *die E-Mail* und nicht *das E-Mail*? Oft scheint in der Anfangszeit der Entlehnung eine gewisse Unsicherheit zu herrschen, die dann einer festen Konvention Platz macht. So war es nach meiner Beobachtung bei dem Wort *E-Mail*. Es gehört zum Wesen von Konventionen, dass sie nicht wirklich sachlich oder logisch begründbar sind. Linguisten sprechen in diesem Zusammenhang von der Arbitrarität (Beliebigkeit) sprachlicher Konventionen.

2.2 Numerus

Wenden wir uns nun den systematischen Unsicherheiten zu und beginnen wir mit dem **Numerus** (Zahl, Plural: Numeri). Im Deutschen gibt es zwei Numeri, den Singular und den Plural. Schwierigkeiten entstehen vor allem dadurch, dass das Prädikat sich im Numerus nach dem Subjekt richtet und nicht immer klar ist, ob es sich um ein singularisches oder ein pluralisches Subjekt handelt. In dem Satz *Peter und Paul schlafen* muss das Prädikat *schlafen* im Plural stehen, weil das Subjekt eine Konjunktion von zwei Eigennamen darstellt. Hingegen muss in dem Satz *Nicht nur Peter, sondern auch Paul schläft* das Prädikat im Singular stehen, obwohl dieser Satz ebenfalls besagt, dass zwei Personen schlafen; aber sie werden hier gleichsam einzeln betrachtet. Dieses Beispiel macht deutlich, dass die Regeln des Numerusgebrauchs nicht ganz so einfach sind, wie man annehmen könnte. Wenn das Subjekt beispielsweise durch ein Substantiv im Plural gebildet wird, gibt es keine Probleme:

(1) *Frauen arbeiten vor allem in Forschung und Verwaltung.*

Probleme können dann auftreten, wenn unklar ist, ob das Subjekt singularisch oder pluralisch ist. Betrachten wir die folgenden Beispiele:

(2) *Eine Umsatzsteigerung und vor allem die Verbesserung der logistischen Randbedingungen ist erst nach Fertigstellung der neuen Fabrikanlage möglich.*

(3) *Der Strom- und Wärmemarkt dürften zusammenwachsen.*

(4) *Mit Informationsveranstaltungen wurden die Mitarbeiter in die Aktion mit einbezogen und ihnen ihre Bedeutung für den Erfolg der Kampagne deutlich gemacht.*

(5) *Durch die Analysen und Reduktion von Prozessen werden Prozessrisiken minimiert.*

(6) *Hier erhielt die XY Aufträge für die Ausrüstung zweier griechischer sowie eines britischen Kraftwerks.*

(7) *Eine Reihe von großen Fusionen belegt den raschen und tief greifenden Strukturwandel in der Branche.*

(8) *Die Zahl der Firmen, die wegen fehlender Aufträge Kurzarbeit einführen müssen, mehren sich.*

In Beispiel (2) ist der Fall klar: Im Subjekt sind zwei Nominalgruppen (Substantive plus Artikel) mit *und* verbunden, folglich muss das Prädikat im Plural stehen:

(2') *Eine Umsatzsteigerung und vor allem die Verbesserung der logistschen Randbedingungen sind erst nach Fertigstellung der neuen Fabrikanlage möglich.*

Was ist zu Beispiel (3) zu sagen? Hier heißt das Subjekt *der Strom- und Wärmemarkt.* Handelt ist sich dabei um zwei Märkte oder um einen? Die Formulierung mit dem Auslassungszeichen legt nahe, dass es sich hierbei lediglich um einen Markt handelt. Es gibt eine Reihe von *und*-Verbindungen, die wir normalerweise als Bezeichnung einer singularischen Einheit ansehen – etwa *Wind und Wetter* oder *Forschung und Entwicklung*. Nach solchen Ausdrücken sollte das Prädikat im Singular stehen:

(3') *Der Strom- und Wärmemarkt **dürfte** zusammenwachsen.*

Diese Aussage ist aber nicht sinnvoll, denn ein einzelner Markt kann nicht zusammenwachsen. Wenn man deutlich machen will, dass es sich bei dem Strommarkt und dem Wärmemarkt um zwei Märkte handelt – nur dann stellt sich die Frage des Zusammenwachsens –, sollte man auf die Schreibweise mit Auslassungszeichen verzichten, mindestens aber den Artikel wiederholen:

(3'') *Der Strommarkt und der Wärmemarkt **dürften** zusammenwachsen.*

(3''') *Der Strom- und der Wärmemarkt **dürften** zusammenwachsen.*

In Beispiel (4) liegt ein Fehler vor, der relativ häufig anzutreffen ist. Offenbar verwechseln die Autoren *und*-Verbindungen von Nominalgruppen mit *und*-Verbindungen von Sätzen. Man vergleiche die folgenden beiden Sätze:

(4') *Die Kinder und der Vater haben gesungen.*

Dieser Satz ist vollkommen in Ordnung, denn das Subjekt des Satzes lautet *die Kinder und der Vater*. Das Prädikat *haben gesungen* steht also zu Recht im Plural. Anders liegt der Fall aber hier:

(4'') *Die Kinder haben gesungen und der Vater Klavier gespielt.*

Dieser Satz ist nicht in Ordnung, denn hier verbindet die Konjunktion *und* zwei Sätze mit zwei verschiedenen Subjekten. Das Subjekt des ersten Satzes lautet *die Kinder* und das des zweiten Satzes lautet *der Vater*. Das Prädikat des ersten Satzes heißt *haben gesungen* und das des zweiten Satzes muss *hat gespielt* heißen. Das Hilfsverb *haben* könnte man sich beim zweiten Satz sparen, wenn es wirklich zweimal in der gleichen Form gebraucht würde. Das ist im folgenden Satz der Fall:

(4''')   Die Kinder haben gesungen und die Eltern (haben) Klavier gespielt.

In (4''') kann das Hilfsverb *haben* wahlweise ausgelassen werden. Unser Satz (4) aus dem Geschäftsbericht ist auf die gleiche Weise fehlerhaft wie das Beispiel (4''): Der erste Satz lautet verkürzt *die Mitarbeiter wurden einbezogen*, und der zweite lautet *ihre Bedeutung wurde deutlich gemacht*. Das Hilfsverb *wurden* kann man also nicht einsparen, weil es in zwei verschiedenen Formen benötigt wird – einmal passend zu *die Mitarbeiter* im Plural und das zweite Mal passend zu *ihre Bedeutung* im Singular:

(4'''')   Mit Informationsveranstaltungen **wurden** die Mitarbeiter in die Aktion mit einbezogen und ihnen **wurde** ihre Bedeutung für den Erfolg der Kampagne deutlich gemacht.

Mit dieser Korrektur ist der Satz grammatikalisch in Ordnung – was noch nicht heißt, dass es sich stilistisch gesehen um ein besonders gelungenes Exemplar handelt. Das Problem, das ich hier ausführlich besprochen habe, wäre in diesem Falle gar nicht entstanden, wenn die Autoren eine aktive Formulierung gewählt hätten, denn dann wäre das Personalpronomen *wir* Subjekt für beide Teilsätze:

(4''''')   Wir haben die Mitarbeiter mit Informationsveranstaltungen in die Aktion mit einbezogen und ihnen ihre Bedeutung für den Erfolg der Kampagne deutlich gemacht.

Einfacher, aber in gewisser Weise von der gleichen Art ist der Fehler in unserem nächsten Beispiel:

(5)   Durch **die Analysen und Reduktion** von Prozessen werden Prozessrisiken minimiert.

Hier hat der Autor den Artikel zu dem Substantiv *Reduktion* ausgelassen, wohl in der Annahme, dass es ja derselbe Artikel sei wie der zu *Analysen*. Wenn in einer *und*-Verbindung zweimal derselbe Artikel vorkommt, kann man ihn sich beim zweiten Mal schenken: *Die Eltern und (die) Kinder*. Wenn die Auslassung hier möglich ist, weshalb ist dann nicht auch in *die Analysen und (die) Reduktion* erlaubt? Weil es sich nicht beide Male um dieselbe Form des Artikels *die* handelt! Bei der Artikelform vor dem Substantiv *Analysen* handelt es sich um eine Pluralform des femininen Artikels *die*, und zu *Reduktion* muss eine Singularform des Artikels *die* treten. Stünden die beiden Substantive im gleichen Numerus, dann wäre die Auslassung möglich: *durch die Analysen und Reduktionen* oder *durch die Analyse und Reduktion*. So aber bleibt nichts anderes übrig, als jedem Substantiv seine eigene passende Artikelform voranzustellen:

(5') Durch **die Analysen und die Reduktion** *von Prozessen werden Prozessrisiken minimiert.*

Auch unser nächstes Beispiel weist einen Fehler auf, der den vorigen beiden verwandt ist: Der Autor wollte sich eine Wiederholung des Substantivs *Kraftwerk* sparen; das wäre aber nur möglich gewesen, wenn es sich beide Male um den gleichen Numerus gehandelt hätte. Satz (6) muss also in (6') korrigiert werden:

(6) *Hier erhielt die XY Aufträge für die Ausrüstung* **zweier griechischer** *sowie* **eines britischen Kraftwerks.**

(6') *Hier erhielt die XY Aufträge für die Ausrüstung zweier griechischer* **Kraftwerke** *sowie eines britischen* **Kraftwerks.**

Unsere beiden letzten Beispiele zu dem Thema „Numerus" können wir gemeinsam besprechen. In Satz (7) ist das Prädikat sowohl im Singular – diese Option wurde hier gewählt – als auch im Plural möglich. Satz (8) ist in zweifacher Hinsicht missglückt.

(7) **Eine Reihe von großen Fusionen belegt** *den raschen und tiefgreifenden Strukturwandel in der Branche.*

(8) **Die Zahl der Firmen,** *die wegen fehlender Aufträge Kurzarbeit einführen müssen,* **mehren sich.**

Wenn der Ausdruck *eine Reihe von* zur Angabe einer unbestimmten Menge verwendet wird, so ist nach meinem Sprachgefühl der Plural des Prädikats vorzuziehen. Wenn damit hingegen wirklich ein Reihe gemeint ist – etwa im Gegensatz zu zwei Reihen oder einer Gruppe – so muss das

Prädikat selbstverständlich im Singular stehen. Der Unterschied lässt sich an folgenden beiden Beispielen verdeutlichen:

(7') Eine Reihe von Kindern **warteten** geduldig, während sich viele vorzeitig auf den Heimweg machten.

(7") Eine Reihe von Kindern **stand** geduldig wartend vor dem Eingang des Kinos.

Da in (7) *eine Reihe von* als Mengenangabe zu verstehen ist, ist nach meinem Dafürhalten der Plural vorzuziehen (Grammatiker nennen eine solche Konstruktion *constructio ad sensum* – eine Konstruktion nach dem Sinn):

(7''') Eine Reihe von großen Fusionen **belegen** den raschen und tief greifenden Strukturwandel in der Branche.

In Beispiel (8) ist *die Zahl der Firmen* das Subjekt des Satzes. Der Ausdruck *die Zahl* kann nicht analog zu *eine Reihe* als unbestimmte Mengenangabe verstanden werden. Also muss das Prädikat passend zu *die Zahl* im Singular stehen. Allerdings passt in diesem Fall das Verb semantisch nicht zum Subjekt. Von einer Zahl kann man sicht sagen, sie „mehre sich". Dem Autor sind offenbar zwei Konstruktionen durcheinander geraten: Die Zahl kann steigen, die Firmen können sich mehren. Statt (8) ist also entweder (8') oder (8") zu wählen:

(8') **Die Zahl der Firmen**, die wegen fehlender Aufträge Kurzarbeit einführen müssen, **steigt**.

(8") **Die Firmen**, die wegen fehlender Aufträge Kurzarbeit einführen müssen, **mehren sich**.

2.3 Kasus

Als nächstes werden wir uns dem Problem des **Kasus** (Fall, Plural: Kasus) zuwenden. Das heutige Deutsch verfügt über vier Kasus: Nominativ, Genitiv, Dativ und Akkusativ. Die Funktion der Kasus besteht darin, die

Rolle eines Nomens im Satz zu verdeutlichen: Wer ist der Akteur der Handlung, wer das „Opfer", wer der Begünstigte usw. Im Deutschen können wir mit der Wortstellung relativ frei umgehen, weil die syntaktische Rolle meist durch die Kasus geklärt ist; oder vielleicht besser gesagt: wenn die syntaktische Rolle durch die Kasus geklärt ist. Der Satz *Peter liebt Lotte* kann nur so verstanden werden, dass Peter der Akteur ist; sobald man den Kasus deutlich markiert, lässt sich die Wortstellung verändern: *Die Lotte liebt der Peter*. In Sprachen, die kein ausgeprägtes Kasussystem (mehr) haben, wie etwa im Englischen, ist eine solche Umstellung nicht möglich; die syntaktische Rolle kann hier nur durch die Wortstellung deutlich gemacht werden. Deshalb ist es prinzipiell für das Verständnis des Satzes wichtig, dass Kasustransparenz herrscht. In folgendem Satz ist beispielsweise morphologisch nicht eindeutig markiert, was Subjekt und was Akkusativobjekt ist; mit anderen Worten, wer was trägt:

(9)   *Mehr als 90 % der Forschungsausgaben tragen die operativen Bereiche.*

Normalerweise gilt, wie wir an dem Satz *Peter liebt Lotte* gesehen haben, dass, wenn keine Kasusmarkierung vorliegt, die erste Nominalgruppe das Subjekt des Satzes darstellt. Das wäre hier der Ausdruck *mehr als 90 % der Forschungsausgaben*. Semantisch gesehen ist es jedoch wahrscheinlich, dass die zweite Nominalgruppe, *die operativen Bereiche,* das Subjekt sein soll. In einem solchen Satz muss also die syntaktische Analysestrategie des Lesers mit seinen semantischen Plausibilitätserwägungen konfligieren. Ein intelligenter Leser wird an dieser Aufgabe zwar nicht scheitern, aber der Autor dieses Satzes hat die kognitiven Kosten des Lesers ohne Not erhöht. Der Autor hätte zwei einfache Möglichkeiten gehabt, den Kasus transparent zu machen: entweder durch eine „normale" Wortstellung, Subjekt − Prädikat − Objekt, wie in (9') oder durch eine Passivkonstruktion wie in (9"). Letzteres bietet sich an, wenn es dem Autor darauf ankommt, die Höhe der Forschungsausgaben thematisch zu fokussieren.

(9')   *Die operativen Bereiche tragen mehr als 90 % der Forschungsausgaben.*

76 Morphologie

(9")   Mehr als 90 % der Forschungsausgaben werden von den operativen Bereichen getragen.

In unserem nächsten Beispielsatz entsteht eine Zweideutigkeit dadurch, dass sich die Nominalgruppe *der Branche* wahlweise als Genitivattribut (*abweichend vom Trend der Branche*) oder als Dativobjekt (*brachte der Branche zweistellige Steigerungsraten*) interpretieren lässt:

(10)   *Für die deutsche XY-Industrie brachte das Jahr 1998 abweichend vom internationalen Trend **der Branche** zweistellige Steigerungsraten nicht nur in der Produktion, sondern auch beim Auftragseingang und Inlandsverbrauch.*

Auch hier kann der aufmerksame Leser aus dem Zusammenhang erschließen, dass die Interpretation als Genitivattribut die vom Autor intendierte ist; und auch hier gibt es einen einfachen Weg, dem Leser das Geschäft des Interpretierens zu erleichtern:

(10')   *Für die deutsche XY-Industrie brachte das Jahr 1998 – abweichend vom internationalen Branchentrend – zweistellige Steigerungsraten nicht nur in der Produktion, sondern auch beim Auftragseingang und Inlandsverbrauch.*

Als erstes Fazit zum Thema Kasus können wir festhalten: Sorgen Sie für hinreichende Kasustransparenz. Wenn der Leser den Kontext hinzunehmen muss, um einen Satz syntaktisch angemessen interpretieren zu können, dann erhöht dies unnötigerweise seinen kognitiven Aufwand.

2.3.1 Kasus nach Präpositionen

Interessanterweise kommen die meisten Kasusfehler im Zusammenhang mit Präpositionen vor. Präpositionen haben mit Verben eines gemeinsam: Sie regieren einen Kasus. *Lieben* regiert beispielsweise den Akkusativ (*ich liebe **dich***), *helfen* den Dativ (*ich helfe **dir***) und *gedenken* den Genitiv (*ich gedenke **deiner***). Bei den Präpositionen ist die Sachlage ein wenig komplizierter: Es gibt solche, die den Akkusativ regieren, wie beispielsweise *durch* und *für* (*durch den Wald, für den Opa*); einige Präpositionen regieren den Dativ, wie zum Beispiel *mit* oder *aus* (*mit dem Messer, aus dem Garten*), und einige regieren den Genitiv: *einschließlich, ungeachtet* unter anderem (*einschließlich des letzten Kapitels, ungeachtet seines Einspruchs*). Daneben gibt es noch präpositionsartige Ausdrücke, die ebenfalls allesamt den Genitiv regieren, wie etwa *infolge, unter Einbeziehung*. Den Präpositionen, die den Genitiv nach sich ziehen, sieht man auf den ersten Blick an, dass sie als Präpositionen historisch jünger sind als die anderen. Im mündlichen Sprachgebrauch kommen sie nur selten vor; ihre „natürliche Heimat" ist die Schriftsprache, und zwar die der Büros und Behörden. Und das macht sie so attraktiv für den Gebrauch in Geschäftsberichten! Aber dazu später. Eine große Gruppe von Präpositionen regiert wahlweise den Akkusativ oder den Dativ, je nachdem, ob eine Richtung angegeben werden soll oder eine Befindlichkeit im Raum: *auf den Stuhl, in die Schule* vs. *auf dem Stuhl, in der Schule*. Und schließlich gibt es noch einige Präpositionen, die wahlweise den Dativ oder den Genitiv regieren, wobei die Wahl jedoch nicht wie bei der vorherigen Klasse semantisch motiviert ist, sondern stilistisch: *wegen meinen Halsschmerzen* vs. *wegen meiner Halsschmerzen, während dem letzten Krieg* vs. *während des letzten Krieges*. Der Genitiv klingt meist stilistisch anspruchsvoller als der Dativ.

Man kann die am häufigsten vorkommenden Kasusfehler in zwei Gruppen sortieren: 1. Der Autor verliert in seinem Satz den Überblick, fällt aus der Konstruktion und wählt versehentlich den falschen Kasus. 2. Der Autor weiß ganz einfach nicht, welchen Kasus die Präposition, die er wählte, regiert. Betrachten wir zunächst ein Beispiel für Fehler der ersten Sorte:

(11) *Aus der in Vorjahren aufgebauten Liquidität sowie **des** im Berichtsjahr erhöhten **Cashflows** war es im abgelaufenen Geschäftsjahr möglich, [...] zu investieren.*

Von der Präposition *aus* ist sowohl *der Liquidität* abhängig als auch *des Cashflows*! Da die Präposition *aus* den Dativ regiert, muss es folglich *dem Cashflow* heißen.

78 Morphologie

Es kommt, wie bereits erwähnt, relativ häufig vor, dass zu einer Präposition der falsche Kasus gewählt wird, offenbar weil der Autor nicht weiß, welchen Kasus die betreffende Präposition regiert:

(12) *Gemäß unseres Leitmotivs der wertorientierten Unternehmungsführung ...*

Gemäß regiert den Dativ; folglich muss es *gemäß unserem Leitmotiv* heißen. Bezeichnenderweise passiert dies ausschließlich bei den Präpositionen, die in der gesprochenen Sprache so gut wie nie vorkommen. Das hat offenbar zur Folge, dass wir uns des Gebrauchs dieser Wörter nicht sicher sind. (In einem solchen Fall hilft nur der Blick ins Wörterbuch, der allerdings ein produktives Gefühl der Unsicherheit voraussetzt!) Weitere Beispiele sind:

(13) *Im Sinne gleicher Wettbewerbsbedingungen **entsprechend der römischen Verträge** halten wir eine harmonisierte Liberalisierung in allen Mitgliedsstaaten für sehr wichtig.*

(14) *Durch diese Zusammenfassung entsteht ein ausgewogenes Produktportfolio, das die Kunden mit einem kompletten Programm an Ventilen ... **einschließlich den** gewünschten pneumatischen, hydraulischen oder elektrischen **Antrieben** zur Automatisierung bedient.*

Die Präposition *entsprechend* regiert den Dativ, sodass *entsprechend den römischen Verträgen* die korrekte Version ist, und *einschließlich* regiert den Genitiv, es muss also *einschließlich der gewünschten Antriebe* heißen.

Kommen wir nun zu den Fehlern, die daraus resultieren, dass die falsche (oder mindestens unübliche) Präposition in Verbindung mit einem Verb gewählt wurde. Verben sind oftmals fest mit einer Präposition verbunden: Es heißt *hoffen auf* – und nicht *nach* oder *für*. In solchen Fällen haben wir das Verb gemeinsam mit der dazugehörigen Präposition gelernt. Die Präposition selbst hat hier keine semantische Funktion – im Gegensatz beispielsweise zu *sitzen auf*, wo die Präposition *auf* in Konkurrenz steht zu *neben, unter, hinter* etc. Es ist ein informationstheoretisches Prinzip:

Wo es keine Wahl gibt, gibt es auch keine Information, denn ein Zeichen, das zu 100 Prozent vorhersagbar ist, ist unter semantischen Gesichtspunkten redundant. Allerdings entsteht dadurch auch eine Fehlerquelle. Betrachten wir die nächsten beiden Beispiele:

(15) *Wir haben den bisherigen Produktionsprozess im Berichtsjahr* **auf** *diese speziellen Bedürfnisse* **angepasst**.

Das Verb *anpassen* muss entweder mit dem Dativ konstruiert werden, dann heißt es *diesen speziellen Bedürfnissen angepasst*, oder es muss die Präposition *an* gewählt werden:

(15') *Wir haben den bisherigen Produktionsprozess im Berichtsjahr* **an** *diese speziellen Bedürfnisse* **angepasst**.

Man könnte natürlich auch denken, dass *auf* erhalten bleiben soll; dann muss man ein anderes passendes Verb suchen, beispielsweise *ausrichten*.

(15") *Wir haben den bisherigen Produktionsprozess im Berichtsjahr* **auf** *diese speziellen Bedürfnisse* **ausgerichtet**.

Einen letzten Fehlertypus, der ebenfalls mit der Wahl von Präpositionen zusammenhängt, soll folgendes Beispiel zeigen:

(16) *Mit diesem auf globalen Managementkriterien basierenden Personalkonzept ist es gelungen, die Messbarkeit, Steuerung und Vergleichbarkeit aller Mitarbeiter* **mit** *anderen internationalen Unternehmen und Sektoren voranzutreiben.*

Was ist an diesem Satz nicht in Ordnung? In der Passage *die Messbarkeit, Steuerung und Vergleichbarkeit ... mit anderen internationalen Unternehmen* müsste eigentlich die Präposition *mit* zu allen drei Substantiven passen. Eine solche Präposition wird es aber wohl kaum geben. Die Präposition *mit* passt lediglich zu *Vergleichbarkeit*, nicht aber zu *Messbarkeit* und *Steuerung*. (Außerdem ist in diesem Satz die Logik etwas konfus: Man kann nicht Mitarbeiter mit Unternehmen vergleichen. Doch das Kapitel „Textlogik" folgt später.) Um das auszudrücken, was der Autor vermutlich sagen wollte, muss man den Satz völlig umformulieren, etwa so:

(16') *Mit diesem Personalkonzept, das auf globalen Managementkriterien basiert, können wir die Arbeit unserer Mitarbeiter besser messen und steuern als zuvor. Außerdem können wir damit die Ergebnisse unserer Messungen mit den entsprechenden Werten anderer internationaler Unternehmen und Sektoren vergleichen.*

Das zweite Fazit zum Thema Kasus lautet: Achten Sie darauf, dass sämtliche Nominalgruppen, die in einem Satz von einer Präposition abhängen, in dem Kasus stehen, den die betreffende Präposition regiert. Wenn Sie sich nicht sicher sind, welchen Kasus eine der „neumodischen" Präpositionen (*eingedenk, zuungunsten, zufolge, per* etc.) regiert, dann konsultieren Sie ein einschlägiges Wörterbuch. Das Entsprechende gilt auch für die zu einem Verb passende Präposition.

2.3.2 Kasus von Appositionen

Eine wahre Fundgrube für Kasusfehler stellen die Appositionen dar: *Ihm als Mensch kannst du vertrauen.* In welchem Kasus steht hier die Apposition *Mensch*? Es sollte ein Dativ sein, auch wenn der Kasus in diesem Falle nicht sichtbar markiert ist. Sobald ein Artikel oder ein Adjektiv hinzukommt, wird dies deutlich: *Ihm als einem redlichen Menschen kannst du vertrauen.* Stehen Appositionen immer in Dativ? Betrachten wir folgendes Beispiel:

(17) *Für uns – als **einem** Elektrounternehmen der Weltklasse – ist es selbstverständlich, dass wir das Tempo angeben.*

In diesem Falle ist der Dativ die falsche Wahl. Denn: Die Apposition muss stets im gleichen Kasus stehen, in dem das Bezugswort steht! In (17) ist das Bezugswort *uns*, und dieses steht hier – nach der Präposition *für* – im Akkusativ. Also muss die Apposition ebenfalls im Akkusativ stehen:

(17') *Für uns – als **ein** Elektrounternehmen der Weltklasse – ist es selbstverständlich, dass wir das Tempo angeben.*

Einen häufig auftretenden Fehler, der vielleicht bald keiner mehr sein wird, will ich unter „Sonstiges" erwähnen:

(18) *Anfang diesen Jahres* wurde die neue Fabrik in Betrieb genommen.

In diesem Satz ist das Demonstrativpronomen falsch flektiert, es muss *Anfang dieses Jahres* heißen. Warum kommt dieser Fehler so häufig vor? Kein Mensch würde schließlich auf die Idee kommen zu schreiben: *die Hosen diesen Kindes* oder *der Preis diesen Bieres* – weshalb also *diesen Jahres*? Es handelt sich hierbei um eine so genannte Analogieform: Es heißt *Anfang letzten Jahres, nächsten Jahres* und *vorigen Jahres* – also sagen die Leute auch *diesen Jahres*. Falsch ist der Schluss zunächst einmal deshalb, weil *letztes, nächstes* und *voriges* Adjektive sind, die anders flektiert werden als das Demonstrativpronomen *dieses*. Auf lange Sicht wird sich dieser Fehler allerdings durchsetzen und zur Norm werden, so wie sich analog zu *des Morgens, des Mittags* und *des Abends* auch *des Nachts* durchgesetzt hat, obgleich der Genitiv des femininen Substantivs *die Nacht* nicht *des Nachts*, sondern *der Nacht* lautet.

2.4 Tempus

Als letztes Problem, das in Verbindung mit der Verbalflexion systematisch zu beobachten ist, wollen wir das **Tempus** (Zeit, Plural: Tempora) betrachten. In Anlehnung an die klassische lateinische Grammatiktradition nimmt man an, dass das Deutsche über sechs Tempora verfügt, nämlich Präsens (*ich esse*), Präteritum (*ich aß*), Perfekt (*ich habe gegessen*), Plusquamperfekt (*ich hatte gegessen*), Futur I (*ich werde essen*) und Futur II (*ich werde gegessen haben*).

Im Deutschen wird der Gebrauch der Tempora – etwa im Gegensatz zum Englischen und Spanischen – sehr liberal gehandhabt. In der gesprochenen Umgangssprache kommen die meisten Menschen mit dem Präsens und dem Perfekt aus. Wenn wir in die Zukunft verweisen wollen, so tun wir das meist mithilfe eines Zeitadverbs, das futurische Bedeutung trägt, in Verbindung mit dem Präsens: *Morgen gehen wir ins Kino.* Das Präteritum wird in der gesprochenen Sprache so gut wie nie verwendet. Kein Mensch sagt heute noch: *Gestern aß ich eine Pizza.* Die Standardform lautet: *Gestern habe ich eine Pizza gegessen.* Linguisten sprechen in diesem Zusammenhang vom Präteritumschwund im Deutschen. Konsequenterweise verwenden wir in der gesprochenen Umgangssprache auch oft das Präteritum von *haben*, das *hatte* lautet, und ersetzen somit das Plusquamperfekt (*ich hatte schon gegessen*) durch *ich habe schon gegessen gehabt*. (Wenn man solche Formen mitzählt, dann gibt es im Deutschen mehr als sechs Tempora.) Da wir es bei Geschäftsberichten ausschließlich mit schriftsprachlichen Produkten zu tun haben, wollen wir die speziellen Normen der gesprochenen Sprache nicht weiter betrachten. Aber sie sind dennoch auch in unserem Zusammenhang relevant. Da wir in der gesprochenen Sprache auf das Präteritum weitgehend verzichten, haben wir offenbar kein sicheres Sprachgefühl dafür, wann das Präteritum und wann das Perfekt zu verwenden ist. An Plusquamperfekt und Futur II haben wir schon aus inhaltlichen Gründen nicht sehr häufig Bedarf. Beide Tempora dienen dazu, Vorzeitigkeit auszudrücken. Mit dem Plusquamperfekt signalisiert man, dass ein Ereignis zu einem bestimmten vergangenen Zeitpunkt bereits abgeschlossen war: *Als das Gesetz in Kraft trat,* **hatten wir uns von diesem Geschäftsbereich bereits getrennt**. Das Futur II dient analog dazu zu sagen, dass ein Ereignis zu einem bestimmten zukünftigen Zeitpunkt bereits abgeschlossen sein wird: *Wenn das Gesetz im nächsten Jahr in Kraft tritt,* **werden wir uns von diesem Geschäftsbereich bereits getrennt haben**. In den folgenden Beispielen liegt eine solche Vorzeitigkeit vor, sodass der Autor das Plusquamperfekt hätte wählen sollen:

(19)   *Auf der ordentlichen Hauptversammlung im Mai 1999* **haben** *wir unsere Aktionäre gebeten, die Entscheidung zu verschieben. Im Rahmen der außerordentlichen Hauptversammlung haben die Aktionäre sodann die Entlastung erteilt.*

(19')   *Auf der ordentlichen Hauptversammlung im Mai 1999* **hatten** *wir unsere Aktionäre gebeten, die Entscheidung zu verschieben.*

> *Im Rahmen der außerordentlichen Hauptversammlung haben die Aktionäre sodann die Entlastung erteilt.*

(20) *Dieser Umsatz wurde erreicht, obwohl sich die XY AG im Zuge der Konzentration der Fertigungsstandorte von ausländischen Aktivitäten getrennt **hat**.*

(20') *Dieser Umsatz wurde erreicht, obwohl sich die XY AG im Zuge der Konzentration der Fertigungsstandorte von ausländischen Aktivitäten getrennt **hatte**.*

Fehler dieser Art kommen in Geschäftsberichten erwartungsgemäß nur selten vor, denn erstens ist, wie gesagt, nicht oft über vorzeitige Situationen zu berichten, und zweitens sind hier die Regeln recht klar. Unklar und damit fehlerträchtig ist vielmehr der Gebrauch des Präteritums (*wir veräußerten*) und des Perfekts (*wir haben veräußert*). Deshalb wollen wir diese beiden Tempora ein wenig genauer unter die Lupe nehmen.

Wenn ich jemandem, der Deutsch unvollkommen als Fremdsprache spricht, einen Tipp geben sollte, würde ich ihm sagen: Nimm als Vergangenheitsform das Perfekt, dann bist du fast immer auf der sicheren Seite. Wir werden gleich sehen, weshalb das so ist. Allerdings wirkt das Perfekt, gerade weil es das bevorzugte Tempus der kolloquialen Umgangssprache ist, in geschriebenen Texten oft ein wenig zu sprechsprachlich. Das kann durchaus ein erwünschter Effekt sein – beispielsweise im Brief des Vorstandsvorsitzenden an die Aktionäre. Denn ein solcher Text wirkt im Stil vertrauter und „briefiger", wenn er ein wenig sprechsprachlicher formuliert ist, als es etwa die Texte des Lageberichts sind. Darauf werden wir noch ausführlich in Kapitel 6 zurückkommen. Wer aber diesen Effekt nicht erzeugen möchte, und das sollte der Normalfall sein, der sollte das Präteritum wählen. Denn das Präteritum ist im Deutschen das Tempus des Erzählens. „Es war einmal eine Königstochter" lautet bezeichnender Weise der Beginn eines Märchens und nicht „Es ist einmal eine Königstochter gewesen". Aber es gibt nicht nur einen stilistischen Unterschied zwischen dem Präteritum und dem Perfekt, sondern auch einen semantischen – der allerdings in den meisten Fällen keine Rolle spielt. Betrachten wir die folgenden beiden Versionen:

(21) *Sie ging zum Fenster, schaute hinaus und sah: Es **schneite**.*

(21') *Sie ging zum Fenster, schaute hinaus und sah: Es **hat geschneit**.*

In diesem konstruierten Beispiel wird der semantische Unterschied zwischen den beiden Tempora deutlich: In (21) wird ausgedrückt, dass es schneite, während sie zum Fenster hinausschaute, wohingegen (21') besagt, dass es bereits aufgehört hatte zu schneien, als sie hinausschaute. Das Perfekt dient dazu, die Abgeschlossenheit eines Ereignisses zum Ausdruck zu bringen und anzudeuten, dass es bis in die Gegenwart andauert; das Präteritum dient dazu, das Ereignis in die Vergangenheit zu platzieren. Da alles, was abgeschlossen ist, auch der Vergangenheit angehört, sind wir in der Umgangssprache mit dem Perfekt fast immer auf der sicheren Seite. Die Wahl des Präteritums hingegen kann unangemessen oder gar fehlerhaft sein, nämlich dann, wenn es darauf ankommt, die Abgeschlossenheit zu signalisieren. Betrachten wir als Beispiel folgende Situation: Sie besuchen unangemeldet einen Freund, der gerade beim Abendessen sitzt, und er fragt Sie: „Willst du was mitessen?" In dieser Situation können Sie nicht antworten „Nein danke, ich aß schon." Es muss vielmehr heißen „Ich habe schon gegessen." Der Grund ist genau der: Sie wollen in einer solchen Situation nicht über ein in der Vergangenheit liegendes Ereignis der Nahrungsaufnahme berichten, sondern Sie wollen mitteilen, dass Ihr Abendessen zum gegenwärtigen Zeitpunkt bereits abgeschlossen ist.

Offenbar gibt es Autoren von Geschäftsberichten, die spüren oder wissen, dass das Perfekt das Tempus der gesprochenen Umgangssprache ist, und deshalb dazu neigen, überall gnadenlos das Präteritum einzusetzen:

(22) *In nur zweieinhalb Jahren – das ist doppelt so schnell wie ursprünglich angekündigt – **schlossen** wir die wesentlichen Umstellungsarbeiten ab.*

Hier wäre aus den genannten Gründen das Perfekt das geeignetere Tempus:

(22') *In nur zweieinhalb Jahren – das ist doppelt so schnell wie ursprünglich angekündigt – **haben** wir die wesentlichen Umstellungsarbeiten **abgeschlossen**.*

Natürlich kann man nicht immer eindeutig entscheiden, welches Tempus das angemessene ist. Betrachten wir beispielsweise folgende Aussagen:

(23) *Unser Mitarbeiterbeteiligungsprogramm legten wir im Berichtsjahr neu auf.*

(23') *Unser Mitarbeiterbeteiligungsprogramm haben wir im Berichtsjahr neu aufgelegt.*

Wem es darauf ankommt zu berichten, dass der Prozess der Neuauflage in der Vergangenheit stattfand, der sollte das Präteritum verwenden. Satz 23 gibt gleichsam eine Reportage der zurückliegenden Tätigkeit des Neu-Auflegens. Wer jedoch eher darauf hinweisen möchte, dass das Mitarbeiterbeteiligungsprogramm jetzt in Kraft ist, dem sei das Perfekt empfohlen. Satz 23' berichtet diesen Sachverhalt unter dem Aspekt des Neu-Aufgelegt-Seins. Ähnlich verhält es sich in unserem letzten Beispiel zu diesem Thema:

(24) *Im Rahmen unserer Strategie **trennten** wir uns im Berichtsjahr von diesem Geschäftsbereich.*

(24') *Im Rahmen unserer Strategie **haben** wir uns im Berichtsjahr von diesem Geschäftsbereich **getrennt**.*

Wer betonen möchte, dass der Prozess des Trennens im Berichtsjahr stattfand, der muss (24) wählen. Wer jedoch die Botschaft verbreiten will: „Jetzt haben wir diesen Bereich nicht mehr", der sollte die Formulierung im Perfekt (24') wählen. Bezeichnenderweise kann man ja das Perfekt mit dem Zeitadverb *jetzt* verbinden und beispielsweise sagen:

(25) *Ich habe mein Auto jetzt verkauft.*

Damit sagt man nicht, dass der Verkaufsakt „jetzt" stattfand – er kann durchaus drei Monate zurückliegen. Mit (25) sagt man vielmehr, dass man das Auto irgendwann verkaufte und es „jetzt" nicht mehr hat.

86 Morphologie

Als Faustregel können wir festhalten: Wenn Sie berichten wollen, dass ein Ereignis in der Vergangenheit stattfand, dann wählen Sie das Präteritum. Wenn Sie hingegen den Hauptakzent darauf legen wollen, dass das Ereignis abgeschlossen, vollzogen ist, dann wählen Sie das Perfekt.[23] Es gibt Verben, die bereits von ihrer Semantik her den Aspekt des Abschließens enthalten, sodass zu ihnen das Perfekt meist besser passt als das Präteritum. Dazu gehören beispielsweise Verben wie *verkaufen, sich trennen, auflösen* oder *aufhören*: *Es hat aufgehört zu regnen* ist in den meisten Kontexten angemessener als *Es hörte auf zu regnen*. Entsprechend klingt auch die Aussage *Wir haben uns von diesem Geschäftsbereich getrennt* meist besser als *Wir trennten uns von diesem Geschäftsbereich*. Andererseits gibt es Verben, die sich aufgrund ihrer Semantik nicht mit dem Perfekt vertragen: *Goethe hat aus Frankfurt gestammt*. Das geht nicht, weil das Stammen nichts ist, was abgeschlossen sein kann. Das Auf jeden Fall sollte man einen Tempuswechsel vermeiden, der semantisch völlig unmotiviert ist, wie in den folgenden beiden Passagen. Tempuswechsel sollte man innerhalb eines geschlossenen Textes nur dann vornehmen, wenn es dazu einen triftigen Grund gibt; er muss funktional gerechtfertigt sein. Im Beispiel (26) halte ich das Perfekt für das geeignetere Tempus, in (27) das Präteritum.

(26) Im Publikumsgeschäft **gaben** wir unseren Anteil an der Fondsgesellschaft X ab und **haben** im Gegenzug unsere eigene Marke Y im Markt erfolgreich neu **platziert**.

(26') Im Publikumsgeschäft **haben** wir unseren Anteil an der Fondsgesellschaft X **abgegeben** und im Gegenzug unsere eigene Marke Y im Markt erfolgreich neu **platziert**.

(27) In 2001 **ist** die Wachstumsrate auf 1,1 % **gefallen**. Da sich die Steuerreform trotz hoher Energiepreise positiv bemerkbar **gemacht hat**, **hielten** sich die Verbraucher im zweiten Halbjahr zurück.

(27') Im Jahr 2001 **fiel** die Wachstumsrate auf 1,1 %. Da sich die Steuerreform trotz hoher Energiepreise positiv bemerkbar

---

[23] Ausführlich werden die Funktionen der deutschen Tempora dargestellt in Park 2003.

machte*, *hielten sich die Verbraucher im zweiten Halbjahr zurück.

Ein Tempus-Fehler, der relativ häufig anzutreffen ist, findet sich in folgendem Satz:

(28)   Erst seit den Sommermonaten ging es merklich aufwärts.

Die Präposition *seit* dient dazu anzuzeigen, dass ein Ereignis von einem Zeitpunkt in der Vergangenheit bis in die Gegenwart hinein andauert. Deshalb kann *seit* gemeinhin nicht mit dem Präteritum kombiniert werden. In diesem Fall muss das Präsens gewählt werden wie in (28'). Wenn man den Prozess des Merklich-Aufwärts-Gehens ganz in die Vergangenheit verlegen möchte, kann man *seit* nicht verwenden. Man muss dann eine andere Präposition wählen wie (28'') exemplifiziert.

(28')   *Erst seit den Sommermonaten geht es merklich aufwärts.*

(28'')   *Erst von den Sommermonaten an ging es merklich aufwärts.*

Es gibt allerdings Kontexte, in denen die Präposition *seit* auch mit dem Perfekt verbunden werden kann. Das hängt damit zusammen, dass das Perfekt, wie ich bereits erläutert habe, nicht das Tempus der Vergangenheit ist, sondern das der Abgeschlossenheit. Betrachten wir Satz 29:

(29)   *Wir haben seit 1989 Erfahrungen im Bereich der Rentenpolicen gesammelt.*

In diesem Satz wäre das Präteritum (*sammelten*) völlig ausgeschlossen, das Perfekt hingegen ist durchaus möglich. Denn der Satz besagt: Wir haben sie jetzt, die Erfahrungen.

2.5 Sprachliche Bezüge

Als nächstes und letztes Problem aus dem Bereich der Morphologie wollen wir uns den sprachlichen Bezügen zuwenden. Die Forderung ist trivial: Sprachliche Bezüge sollten eindeutig sein. Wer beispielsweise schreibt *Dies überraschte uns*, der muss sicherstellen, dass der Leser eindeutig identifizieren kann, worauf sich das Pronomen *dies* beziehen soll. Allerdings ist diese Forderung leichter erhoben als erfüllt. Der Grund dafür ist der, dass der Autor aus der Innensicht schreibt, über die der Leser nicht verfügt. Dem Leser bleibt nur die Außensicht. Der Autor merkt vielfach gar nicht, dass die Bezüge mehrdeutig sind, denn ihm selbst sind sie ja klar. Ein Autor muss sich stets bemühen, den eigenen Text mit den Augen seines Adressaten zu lesen.

Bezüge können auf vielfältige Weise unklar sein. Am Beispiel mangelnder Kasustransparenz des Ausdrucks *der Branche* im Satz (10) auf Seite 76 – es kann sich um einen Dativ oder um einen Genitiv handeln – haben wir bereits eine Quelle für unklare Bezüge kennen gelernt. In der praktischen Analyse hat sich herausgestellt, dass es vor allem zwei Problemfelder gibt: die Bezüge von Pronomina und die von Attributen. Betrachten wir den folgenden Satz, der in mehrfacher Hinsicht Schwächen aufweist:

(30)   *Der Anstieg der Beschäftigtenzahl (Kopfzahl) im Konzern resultiert aus den im Berichtsjahr erfolgten Akquisitionen, **der** sich im Wesentlichen auf rund 14.000 Mitarbeiterinnen und Mitarbeiter beziffert.*

Abgesehen davon, dass hier unklar ist, was die Einschränkung *im Wesentlichen* besagen soll, leidet die Transparenz des Satzes darunter, dass das Relativpronomen *der* zu weit von seinem Bezugswort *Anstieg* entfernt ist. An der Stelle, wo *der* steht, erwartet der Leser eher ein Relativpronomen zu dem Substantiv *Akquisitionen*. Der Leser muss in diesem Satz die Substantive gleichsam „abklappern", bis er das geeignete gefunden hat. Da sich ein Relativpronomen im Prinzip auf jedes im Genus passende Nomen beziehen kann, ist es ratsam, das Relativpronomen möglichst nah an sein Bezugswort heranzurücken. In diesem Beispielsatz ist das Problem durch Umstellung einfach zu lösen:

(30')   *Der Anstieg der Beschäftigtenzahl (Kopfzahl) im Konzern, **der** sich im Wesentlichen auf rund 14.000 Mitarbeiterinnen und*

Mitarbeiter beziffert, resultiert aus den im Berichtsjahr erfolgten Akquisitionen.

Mit dem Problem des Bürokratenjargons werden wir uns erst in einem späteren Kapitel beschäftigen. Dennoch will ich an dieser Stelle die Gelegenheit nicht ungenutzt lassen zu zeigen, wie entspannt sich sagen lässt, was der Autor mit seinem komplizierten Satzgebilde berichten wollte:

(30'') *Die Zahl der Beschäftigten (pro Kopf gerechnet) ist im Konzern aufgrund unserer Akquisitionen auf etwa 14.000 gestiegen.*

Alle Wörter, die dazu genutzt werden, auf etwas zurückzuverweisen, das im Text vorher bereits genannt wurde, stellen eine potenzielle Fehlerquelle dar. Personalpronomina sind prototypische Ausdrücke dieser Art. Betrachten wir den folgenden Satz und achten wir auf den Bezug des Personalpronomens *sie*:

(31) *Die Schadenquoten unserer Gesellschaften in XY verbesserten sich, vornehmlich weil **sie** sich in der Autoversicherung von schlecht verlaufenden Risiken trennten.*

In diesem Satz nimmt der Leser zunächst natürlicherweise an, dass *sie* sich auf den Kern des Subjekts des Satzes bezieht, auf *die Schadenquoten*. Erst am Ende des Satzes stellt er fest, dass dies keinen Sinn ergibt und dass *sie* sich vielmehr auf das Genitivattribut innerhalb des Subjekts, also auf *unserer Gesellschaften,* beziehen soll. Natürlich kann auch hier wieder ein aufmerksam mitdenkender Leser den vom Autor intendierten Bezug herausfinden – indem er eine semantische Plausibilitätserwägung zur Analyse hinzuzieht. Aber generell gilt: Die Syntax sollte möglichst für sich selbst sorgen. Ein Satz sollte so konstruiert sein, dass sein syntaktischer Aufbau von vornherein klar ist und der Leser nicht genötigt ist, die Konstruktion mithilfe eines semantischen Ausschlussverfahrens zu erschließen. In dem vorliegenden Fall muss man lediglich *unsere Gesellschaften* zum Subjekt machen, dann haben Haupt- und Nebensatz – inhaltlich gesehen – dasselbe Subjekt, und *sie* hat einen klaren Bezug:

(31') *Unsere Gesellschaften in XY verbesserten ihre Schadenquoten, vornehmlich weil sie sich in der Autoversicherung von schlecht verlaufenden Risiken trennten.*

Deutsch ist eine Sprache, in der der Kopf eines Kompositums prinzipiell rechts steht. Was heißt das? Betrachten wir dazu ein Beispiel: Das Kompositum *Liebesbrief* bezeichnet eine Art von Brief und nicht eine Art von Liebe. Rechts steht das so genannte Grundwort *Brief*, links davon das Bestimmungswort *Liebe*. Das *s* in der Mitte ist eine so genannte Kompositionsfuge, die keine grammatische oder morphologische Funktion hat, sondern nur phonetische (der Genitiv von *die Liebe* heißt *der Liebe* und nicht *des Liebes*). Das Grundwort diktiert die grammatischen Eigenschaften des gesamten Kompositums. So ist beispielsweise das Kompositum *Wachstumskurs* maskulin, weil das Grundwort *Kurs* maskulin ist. Dies alles ist hier deshalb erwähnenswert, weil es Konsequenzen für den Bezug von Attributen hat. Betrachten wir auch hier ein Beispiel: Auf Speisekarten deutscher Gaststätten findet man bisweilen das Angebot „geräucherter Schinkenteller". Natürlich ist damit kein geräucherter Teller gemeint, sondern ein Teller mit geräuchertem Schinken! Da aber – wie bereits erwähnt – im Deutschen der Kopf eines Kompositums immer recht steht[24], kann sich das Attribut nicht auf den linken Teil eines Kompositums beziehen. Die Bezeichnung „geräucherter Schinkenteller" ist aus diesem Grund sprachwidrig.

In Geschäftsberichten finden sich zahllose Beispiele von fehlerhaften Attribuierungen dieser Art: *Weiter auf zweistelligem Wachstumskurs!* Nicht der Kurs ist zweistellig, sondern das Wachstum. Also muss es heißen *Weiter auf dem Kurs des zweistelligen Wachstums!* In einem anderen Bericht ist die Rede von der *Finanzierung einer unsozialen Anspruchsinflation an den Staat*. Was ist eine unsoziale Inflation an den Staat? Gemeint ist *die Finanzierung einer Inflation unsozialer Ansprüche an den Staat*. *Die neue mobile Maschinengeneration*, derer sich ein Maschinenbauunternehmen rühmt, ist natürlich *die neue Generation mobiler*

---

[24] Wörter wie *Taugenichts* bilden eine Ausnahme; sie sind eher nach dem französischen Wortbildungsmuster gebildet (cf. dt. *Korkenzieher* frz. *tire-bouchon*). Der deutsche Taugenichts sollte eigentlich *Nichtstauger* heißen.

Maschinen. Das Fazit lautet: Wenn man ein Attribut auf den ersten Teil eines Kompositums beziehen möchte, so bleibt einem nichts anderes übrig, als das Kompositum aufzulösen. In der folgenden Checkliste sind alle Fehlerquellen, die wir in diesem Kapitel besprochen haben, aufgeführt.

Checkliste Morphologie

✓ Ist die Morphologie korrekt?

– Numerus

– Kasus

– Tempus

– Appositionen

✓ Sind die Präpositionen angemessen gewählt?

✓ Sind die sprachlichen Bezüge klar und eindeutig?

– Pronomina

– Attribute

✓ Sonstiges

3. Syntax

Unter Syntax versteht man den Teil der Grammatik einer Sprache, der sich mit dem Satzbau beschäftigt. Jede Sprache enthält ein Regelsystem, das festlegt, wie Wörter (oder Morpheme, die kleinsten bedeutungstragenden Einheiten einer Sprache, die gegebenenfalls kleiner sein können als Wörter) zu Sätzen kombiniert werden können. *Lotte Peter liebt* ist eine Kombination, die für sich allein nicht den syntaktischen Regeln des Deutschen entspricht, während *Lotte liebt Peter* oder *Liebt Peter Lotte* syntaktisch wohlgeformte sprachliche Gebilde sind, nämlich Sätze der deutschen Sprache. Als eingebettete Struktur – zum Beispiel in einer *dass*-Konstruktion – ist freilich auch *Lotte Peter liebt* eine syntaktisch wohlgeformte Konstruktion: *Ich weiß, dass Lotte Peter liebt.*

3.1 Syntaktische Fehler

Ein Geschäftsbericht deutscher Sprache sollte möglichst aus Sätzen der deutschen Sprache bestehen, und das sind *per definitionem* syntaktisch wohlgeformte Strukturen. Blanke Verstöße gegen syntaktische Regeln trifft man in Geschäftsberichten selten an. Und wenn, dann handelt es sich dabei meist um Aussagen, in denen der Autor *bad news* formulieren muss, ohne dazu die nötige Gelassenheit zu haben. Der folgende Satz ist ein Beispiel für einen syntaktisch missglückten Versuch, *bad news* möglichst rasch „hinter sich" zu bringen:

(1) *Aufgrund der Probleme am Markt erforderliche Wertkorrekturen und Strukturmaßnahmen führten zu erheblichen Ergebnisbelastungen im Jahresabschluss 2000.*

Die Schwierigkeit dieses Satzes besteht darin, dass der Leser erst, wenn er beim Prädikat *führten* angelangt ist, erkennt, dass er *aufgrund der Probleme am Markt erforderliche* als ein Attribut zu *Wertkorrekturen und Strukturmaßnahmen* interpretieren muss. Hätte der Autor den bestimmten Artikel hinzugefügt, wäre die syntaktische Struktur transparenter geworden:

(1') *Die aufgrund der Probleme am Markt erforderlichen Wertkorrekturen und Strukturmaßnahmen führten zu erheblichen Ergebnisbelastungen im Jahresabschluss 2000.*

Noch klarer wird diese Aussage, wenn man statt des links vom Bezugswort stehenden Attributs *aufgrund der Probleme am Markt erforderlichen* einen Relativsatz wählt:

(1'') *Wertkorrekturen und Strukturmaßnahmen, die aufgrund der Probleme am Markt erforderlich waren, führten zu erheblichen Ergebnisbelastungen im Jahresabschluss 2000.*

Auch der Relativsatz *die aufgrund der Probleme am Markt erforderlich waren* ist ein Attribut zu *die Wertkorrekturen und Strukturmaßnahmen*. Aber dieses Attribut steht nicht links, sondern rechts von seinem Bezugswort. Dies erleichtert dem Rezipienten die syntaktische Analyse, und zwar aus folgendem Grund: Ein Attribut kann vom Leser erst dann semantisch richtig verstanden werden, wenn er beim Bezugswort angelangt ist. Das heißt aber, dass er ein links eingebettetes Attribut so lange im Gedächtnis zwischenspeichern muss, bis er beim Bezugswort ankommt, um dann darauf zurückzugreifen. (Das ist so, als würde ein Monteur am Fließband als erstes ein Montageteil bekommen, das er als drittes einbauen muss.) Rechts eingebettete Konstruktionen kann der Leser hingegen im Lesefluss der Reihe nach abarbeiten.

Zwei weitere Quellen für syntaktische Fehler will ich noch erwähnen, da sie relativ häufig anzutreffen sind: Vergleichskonstruktionen und Infinitivkonstruktionen. Beginnen wir mit den Vergleichen. Syntaktisch fehlerhaft sind Konstruktionen nach dem Muster *die schneller als erwartete Erholung* oder *nach einem deutlich besser als erwarteten vierten Quartal*. Die meisten Adjektive kann man wahlweise attributiv verwenden (*die schnelle Erholung*) oder prädikativ (*die Erholung war schnell*). Dasselbe gilt auch für deren Komparativformen: *die schnellere Erholung* oder *die Erholung war schneller*. Wenn jedoch dem Komparativ ein expliziter Vergleich folgt, so lässt sich diese Konstruktion nur prädikativ gebrauchen; *die Erholung kam schneller als erwartet* ist also korrekt, während *die schneller als erwartete Erholung* inkorrekt ist. Dies zeigt sich daran, dass die Morphologie des Adjektivs *schneller* nicht in die Konstruktion passt: *die schneller ... Erholung*.

Betrachten wir nun einen Satz, der eine fehlerhafte Infinitivkonstruktion mit *um ... zu* enthält:

(2)   *International anerkannte Prüfinstitute untersuchen alle Materialien für die Produktion auf mögliche Schadstoffe, um keine belasteten Produkte auf den Markt zu bringen.*

Was ist daran falsch? Syntaktisch gesehen ist der Satz zwar nicht fehlerhaft, er ergibt nur nicht den erwünschten Sinn. Dieser Satz besagt: Prüfinstitute untersuchen Materialien, um keine belasteten Produkte auf den Markt zu bringen. Das aber ist nicht gemeint! Nicht die Prüfinstitute bringen Produkte auf den Markt, sondern das Unternehmen, das die Prüfinstitute mit der Prüfung beauftragt.

Infinitivkonstruktionen mit *um ... zu* – es handelt sich dabei um so genannte Finalsätze – haben kein explizites Subjekt, aber semantisch gesehen brauchen sie eines. Der Leser muss in diesem Fall die Frage beantworten können: „Wer bringt keine belasteten Produkte auf den Markt?" Das heißt, der Leser muss für die Infinitivkonstruktion ein so genanntes implizites Subjekt rekonstruieren, und das holt er sich aus dem Subjekt des übergeordneten Satzes. Daraus folgt, dass das Subjekt des übergeordneten Satzes auch als (implizites) Subjekt der Infinitivkonstruktion geeignet sein muss! Ist das nicht der Fall, wie in Satz (2), so entsteht ein unerwünschter Sinn. Unser Beispielsatz lässt sich auf zwei Arten in Ordnung bringen. Entweder man ersetzt die Infinitivkonstruktion durch einen Finalsatz, der durch *damit* eingeleitet wird (2'), oder man formuliert den übergeordneten Satz so um, dass er ein Subjekt besitzt, das auch für die Infinitivkonstruktion taugt (2'').

(2') International anerkannte Prüfungsinstitute untersuchen alle Materialien für die Produktion auf mögliche Schadstoffe, damit keine belasteten Produkte auf den Markt kommen.

(2") Wir lassen alle Materialien für die Produktion durch international anerkannte Prüfinstitute untersuchen, um keine belasteten Produkte auf den Markt zu bringen.

3.1.1 Das verschachtelte Genitivattribut

Attribute sind Begleiter unter anderem von Substantiven. Die am häufigsten auftretenden Typen sind Adjektivattribute (*das rote Haus*), Präpositionalattribute (*das Haus neben der Kirche*) und Genitivattribute (*das Haus meines Vaters*). Wir wollen uns hier mit dem Genitivattribut beschäftigen, weil dieses eine ganz bestimmte Fehlerquelle eröffnet.[25] Betrachten wir folgenden Satz:

(3) *Der Vorsitzende sprach Herrn Dr. Schneider **im Beisein dessen Nachfolgers** den Dank des Aufsichtsrats aus.*

Konstruktionen wie diese sind relativ häufig anzutreffen, was sie jedoch weder schöner noch richtiger macht. (Auf lange Sicht sind allerdings die systematischen Fehler von heute die neuen Regeln von morgen!) Was ist daran falsch? Zunächst einmal ist zu vermuten, dass der Autor die nahe liegende und zweifellos korrekte Version im *Beisein seines Nachfolgers* nicht wählen wollte, weil der Bezug des Possessivpronomens *seinen* in diesem Satz zweideutig wäre: Es könnte sich auf den Vorsitzenden oder auf Herrn Schneider beziehen. Syntaktisch korrekt wäre auch die Alternative *im Beisein von dessen Nachfolger* gewesen. Allerdings gilt das Genitivattribut gemeinhin als stilistisch höherwertig als das alternative Präpositionalattribut mit *von*, wie der folgende Vergleich intuitiv verdeutlichen mag: *das Haus meines Vaters* vs. *das Haus von meinem Vater*. Das mag der Grund dafür gewesen sein, weshalb der Autor die *von-*

---

[25] Vgl. Zifonun 2003.

Konstruktion nicht wählen mochte. Wieso aber ist in diesem Fall die *von*-Variante korrekt, die Genitivvariante aber inkorrekt?

Das liegt daran, dass das Genitivattribut im Deutschen einer Gebrauchsbeschränkung unterliegt: Das Genitivattribut muss immer unmittelbar neben seinem Bezugswort stehen! Für das Präpositionalattribut gilt diese Restriktion nicht. Deshalb können zu einem Substantiv mehrere Präpositionalattribute treten. Der folgende Ausdruck enthält beispielsweise drei davon: *das Haus neben der Kirche im Tal mit den roten Ziegeln*. Alle drei Attribute beziehen sich auf *das Haus*. Mit Genitivattributen kann man das nicht machen. In einer Konstruktion wie *das Haus neben der Kirche meines Vaters* kann sich *meines Vaters* nicht auf *das Haus* beziehen; es wird immer und notwendigerweise als Attribut zu *Kirche* aufgefasst, weil die eiserne Regel gilt: das Genitivattribut steht immer neben seinem Bezugswort. Ein Substantiv hat zwei Enden – vorne und hinten – und deshalb kann es innerhalb einer Konstruktion maximal zwei Genitivattribute geben, eins vorne und eins hinten: *Peters Ankündigung seines Vortrags*. Kommen wir nun zurück zu Satz (3). Die Konstruktion *im Beisein dessen Nachfolgers* hat folgende verschachtelte Struktur:

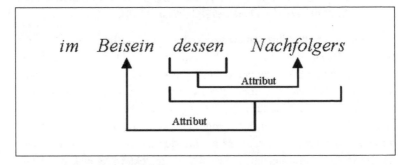

Abbildung 4: Das verschachtelte Genitivattribut

Dessen ist ein Genitivattribut zu *Nachfolgers* und das ganze Paket *dessen Nachfolgers* soll ein Genitivattribut zu *Beisein* sein. Hier liegt also der Fall vor, dass ein Genitivattribut selbst noch ein Genitivattribut enthält. Das aber ist nach den Regeln der deutschen Syntax nicht erlaubt. Dieses Verbot gilt auch in ähnlichen Konstruktionen wie etwa *im Beisein Peters*

Vaters. Ich vermute, dass der Grund für diese Restriktion darin liegt, dass eine solche verschachtelte Genitivattribut-Konstruktion für den Interpreten zu viel Verwirrung mit sich bringt. Denn dieser muss ja erkennen, dass der erste Genitiv ein dem zweiten Genitiv vorangestelltes Attribut sein soll und der zweite Genitiv zusammen mit dem ersten Genitiv ein nachgestelltes Genitivattribut ist.

Wenn wir die beiden Genitivattribute *en bloc* nach vorne schieben, dann ist die Welt wieder in Ordnung: *in dessen Nachfolgers Beisein* oder auch *in Peters Vaters Beisein*. Zugegeben, richtig schön ist diese Konstruktion auch nicht, aber wenigstens ist sie syntaktisch korrekt, denn hier lassen sich die Attribute der Reihe nach abarbeiten: Das Genitivattribut *dessen* steht unmittelbar vor seinem Bezugswort *Nachfolgers*, und *dessen Nachfolgers* steht unmittelbar vor seinem Bezugswort *Beisein*.

Das Fazit lautet: Ein nachgestelltes Genitivattribut darf selbst kein vorangestelltes Genitivattribut enthalten. Die Alternative ist: Wählen Sie statt des Genitivattributs ein Präpositionalattribut, das in seiner syntaktischen Verwendbarkeit viel robuster ist. Letzteres mag auch der Grund dafür sein, dass wir in der gesprochenen Umgangssprache dem Präpositionalattribut mit *von* den Vorzug vor dem Genitivattribut geben.

(3') Der Vorsitzende sprach Herrn Dr. Schneider **im Beisein von dessen Nachfolger** *den Dank des Aufsichtsrats aus.*

3.2 Syntaktische Intransparenz

Sätze, die syntaktisch wirklich inkorrekt sind, kommen, wie gesagt, in Geschäftsberichten relativ selten vor. Die am häufigsten vorkommende syntaktische Schwäche ist vielmehr mangelnde Transparenz. Nach meinen Beobachtungen sind es vor allem vier Phänomene, derentwegen Sätze in Geschäftsberichten an Transparenz einbüßen: 1. übertriebene Satzlänge, 2. ein zu großes Vorfeld, 3. eine zu große verbale Satzklammer und 4. eine verschachtelte Konstruktion. Wir werden diese vier Faktoren der Reihe nach betrachten.

3.2.1 Satzlänge

Um einen Satz semantisch zu entschlüsseln, muss man ihn syntaktisch durchschauen. Deshalb ist es wichtig, Sätze so zu konstruieren, dass ihr Bauplan möglichst klar und transparent ist. Klarheit heißt nicht unbedingt Kürze! Auch relativ lange Sätze können syntaktisch transparent sein, nämlich dann, wenn sie vom Leser in Leserichtung von links nach rechts abgearbeitet werden können. Wenn dies nicht geht, so sind auch kurze Sätze ungenießbar: *Der Mann, der die Frau, die den Hund fütterte, küsste, starb.* Natürlich gibt es Sätze, die für einen normalen Geschäftsberichtskonsumenten einfach zu lang sind. Betrachten wir beispielsweise folgendes Exemplar:

(4) *In Zeiten einer steigenden Staatsquote bei zunehmender Verschuldung der öffentlichen Hand unter dem Druck der Erfüllung der Maastricht-Kriterien, hoher Arbeitslosigkeit und einer permanenten Diskussion über die Gefährdung des Industriestandortes Bundesrepublik Deutschland durch hohe Lohnzusatzkosten bei zunehmender Internationalisierung des Wettbewerbs* **ist** *ein politisch reglementierter reiner Inlandsmarkt wie das Gesundheitswesen für kurzfristige, einschneidende Kostendämpfungsmaßnahmen – mit stark verwässertem Ansatz zur Lösung der strukturellen Probleme – prädestiniert.*

3.2.2 Vorfeld

Aber auch bei diesem Satzungetüm kommt zur schieren Länge noch ein weiteres Handicap hinzu: ein zu umfangreiches Vorfeld. Mit dem Terminus „Vorfeld" bezeichnet man die syntaktische Position vor dem finiten Teil des Prädikats[26]. In der deutschen Sprache ist die Wortstellung – etwa im Vergleich zum Englischen – recht flexibel. Aber es gibt eine uner-

---

[26] Jedes Prädikat hat einen finiten Teil. Hinzu kann noch ein infiniter Teil kommen. In dem Prädikat *hat gegessen* ist *hat* der finite Teil und *gegessen* der infinite.

bittliche Regel: Im Aussagesatz hat das finite Verb an zweiter Position zu stehen. In den folgenden Sätzen steht das finite Verb immer an zweiter Position, wie auch immer man die einzelnen Satzteile umherschiebt:

(5)   *Die Glocken*   **läuten**   *heute den ganzen Tag.*

(5')   *Heute*   **läuten**   *die Glocken den ganzen Tag.*

(5")   *Den ganzen Tag*   **läuten**   *heute die Glocken.*

(5"')   *Den ganzen Tag*   **haben**   *die Glocken heute geläutet.*

(5"")   *Es*   **läuten**   *heute den ganzen Tag die Glocken.*

Satz (5"') macht deutlich, dass auch dann, wenn wir eine so genannte zusammengesetzte Tempusform – hier das Perfekt – wählen, der finite Teil des Prädikats *haben* an zweiter Position steht. Und (5"") zeigt, wie eisern diese Regel gilt: Das *Es* hat in diesem Satz keine andere Funktion, als den ersten Platz zu besetzen, sodass das Verb an die zweite Stelle rückt. Es ist ein semantisch leerer Platzhalter – Subjekt all dieser Sätze ist *die Glocken*, was man unter anderem daran erkennen kann, dass das Prädikat immer im Plural steht.

Kommen wir nun zurück zum Begriff des Vorfelds. Die erste Position im Satz kann unter Umständen sehr aufgebläht sein mit Attributen und Attributen zu Attributen. So können wir beispielsweise in Satz (5) das Subjekt *die Glocken* durch jede Menge Attribute anreichern:

(5""')   *Die Glocken, die erst seit dem vergangenen Jahr wieder in diesem Kirchturm hängen, der während des letzten Krieges stark in Mitleidenschaft gezogen worden war,* **läuten** *heute den ganzen Tag.*

Was ist an solch einem Vorfeld so verwerflich? Es belastet unnötig die Gedächtniskapazität des Lesers, und zwar aus folgendem Grund: Einen Satz entschlüsseln wir vom Prädikat aus. Erst wenn wir das Prädikat kennen, sind wir in der Lage, den übrigen Satzgliedern die korrekte syntaktische und semantische Funktion zuzuweisen. Ob *die Glocken* ein Akkusativobjekt oder das Subjekt des Satzes ist, können wir erst herausfinden, wenn wir beim Prädikat angelangt sind. Der Leser muss also auch in diesem Falle, wie bei den links eingebetteten Attributen, das Vorfeld im Gedächtnis zwischenspeichern, bis ihm das Prädikat erlaubt, den Satzbau zu enträtseln. Wenn wir uns nun unseren Satz (4) nochmals anschauen, so stellen wir fest, dass hier das Vorfeld sage und schreibe 40 Wörter umfasst. Alles, was vor dem unterstrichenen Verb *ist* steht, bildet das Vorfeld. Zugegeben, ein solch langer Satz gewinnt auch nicht viel an Transparenz, wenn man ihn von seinem großen Vorfeld befreit und diesen Ballast ins Nachfeld verschiebt. Aber ein wenig hilft das schon:

(4')   *Ein politisch reglementierter reiner Inlandsmarkt wie das Gesundheitswesen **ist** prädestiniert für kurzfristige, einschneidende Kostendämpfungsmaßnahmen – mit stark verwässertem Ansatz zur Lösung der strukturellen Probleme – in Zeiten einer steigenden Staatsquote bei zunehmender Verschuldung der öffentlichen Hand unter dem Druck der Erfüllung der Maastricht-Kriterien, hoher Arbeitslosigkeit und einer permanenten Diskussion über die Gefährdung des Industriestandortes Bundesrepublik Deutschland durch hohe Lohnzusatzkosten bei zunehmender Internationalisierung des Wettbewerbs.*

Einigermaßen genießbar wird diese Aussage allerdings erst dann, wenn man sie in mindestens zwei Sätze aufspaltet:

(4")   *Ein politisch reglementierter reiner Inlandsmarkt wie das Gesundheitswesen ist für kurzfristige, einschneidende Kostendämpfungsmaßnahmen – mit stark verwässertem Ansatz zur Lösung der strukturellen Probleme – prädestiniert. Dies gilt vor allem in Zeiten einer steigenden Staatsquote bei zunehmender Verschuldung der öffentlichen Hand unter dem Druck der Erfüllung der Maastricht-Kriterien, hoher Arbeitslosigkeit und einer permanenten Diskussion über die Gefährdung des Industriestandortes Bundesrepublik Deutschland durch hohe Lohnzusatzkosten bei zunehmender Internationalisierung des Wettbewerbs.*

Wenn wir uns einen Satz von normalem Ausmaß ansehen – das finite Verb ist unterstrichen –, so stellen wir fest, dass eine Umstellung, die das Vorfeld deutlich verkleinert, die Verständlichkeit erheblich vergrößert:

(6) *Alle Aufgaben der Auftragsabwicklung für Tochtergesellschaften (Angebot bis Rechnungsstellung), des weltweiten Liefer- und Terminmanagements, der Planung (Absatzplanung bis Beschaffung), des Einkaufs und Logistikmanagements (Komplexität, Grunddaten, Ein- und Auslaufsteuerung, Logistik, Controlling)* **sind** *hier zusammengefasst.*

(6') *Zusammengefasst* **sind** *hier alle Aufgaben der Auftragsabwicklung für Tochtergesellschaften (Angebot bis Rechnungsstellung), des weltweiten Liefer- und Terminmanagements, der Planung (Absatzplanung bis Beschaffung) sowie des Einkaufs und Logistikmanagements (Komplexität, Grunddaten, Ein- und Auslaufsteuerung, Logistik, Controlling).*

3.2.3 Verbalklammer

Ein dem Vorfeld ähnliches Problem stellt die verbale Satzkammer dar, eine der Besonderheiten der deutschen Sprache. Damit ist Folgendes gemeint: Bei zusammengesetzten Tempusformen – *hat gegessen* – steht der finite Teil des Prädikats *hat* an zweiter Position und der infinite Teil *gegessen* am Satzende. Die beiden Teile des Prädikats bilden die so genannte verbale Satzklammer:

(7) *Er* **hat**, *nachdem er nach Hause gekommen war, vier Gummibärchen* **gegessen**.

Auch so genannte Partikelverben mit abtrennbarem Präfix (*einstellen*) bilden eine solche Satzklammer:

(8) *Er* **stellte**, *nachdem er die vier Bärchen zu sich genommen hatte, das Essen* **ein**.

Wenn die verbale Satzklammer zu weit gespannt ist, so wirkt sich dies genau so auf die Verständlichkeit eines Satzes aus wie ein großes Vorfeld, und zwar aus den gleichen Gründen: Der Leser kann erst dann, wenn er beim Vollverb beziehungsweise beim abgetrennten Präfix angekommen ist, die Struktur wirklich durchschauen. Also muss er das Wortmaterial das innerhalb der Klammer beziehungsweise im Vorfeld steht, zwischenspeichern. Meist kann man die Verbalklammer verkürzen, indem man Satzteile umstellt. Eine Möglichkeit, die Verbalklammer ganz zu vermeiden, besteht darin, statt eines zusammengesetzten Tempus ein nicht zusammengesetztes Tempus zu verwenden – natürlich nur dann, wenn dies semantisch möglich ist (siehe S.82ff.):

(9) *Im vergangenen Jahr* **haben** *wir mit Derivaten und strukturierten Produkten – das sind Wertpapiere, die mit einem oder mehreren Derivaten verbunden sind – Geschäfte mit einem Gesamtvolumen von 619,3 Mio DM* **getätigt**.

(9') *Im vergangenen Jahr* **tätigten** *wir mit Derivaten und strukturierten Produkten – das sind Wertpapiere, die mit einem oder mehreren Derivaten verbunden sind – Geschäfte mit einem Gesamtvolumen von 619,3 Mio DM.*

Als Zwischenfazit können wir festhalten: Es dient der kognitiven Entlastung des Lesers, wenn man Vorfelder und verbale Satzklammern möglichst klein hält.

3.2.4 Schachtelsatz

Kommen wir nun zur vierten Möglichkeit, wie man als Autor den Leser mit syntaktischen Mitteln belästigen kann – dem Schachtelsatz. Kunstvoll komplexe Sätze zu konstruieren, war in der Prosa über Jahrhunderte hinweg ein hohes Stilideal. Im 16. und im 17. Jahrhundert wurde der Schachtelsatzstil nachgerade zu einer Manie.[27] Was wäre Thomas Mann ohne seinen kunstvollen Satzbau! Doch sollte der Autor eines Geschäftsberichts in Bezug auf syntaktische Komplexität nicht mit ihm wetteifern. Denn erstens hat nicht jeder Geschäftsberichtsautor die schriftstellerische Begabung eines Thomas Mann. (Nicht alles was komplex ist, ist auch

---

[27] Siehe von Polenz 1994: 267 ff.

kunstvoll!) Und zweitens darf er nicht damit rechnen, dass seine Leser ihm die Langmut und Benevolenz entgegenbringen, mit denen sie die Buddenbrooks lesen. Ein typischer Vertreter der Gattung Schachtelsatz zeichnet sich dadurch aus, dass Sätze in Sätze eingebettet sind wie in folgendem Beispiel.

(10) *Den größten Anteil am weltweiten Zuwachs hatte, nach dem schweren Einbruch des Jahres 2000, die XX mit 19 % auf 8 Mio t, während die YY, nach der bereits starken Erholung im Vorjahr, mit 4 % auf 19 Mio t durchschnittlich und die ZZ, ein Bereich, in dem der Unternehmensbereich nur im höherwertigen Segment vertreten ist, unterdurchschnittlich um 1% auf 39 Mio t zulegte.*

Für Schachtelsätze gibt es nur ein Rezept: entschachteln. Und das heißt, die einzelnen Aussagen des komplexen Satzgefüges auseinander nehmen und nacheinander in getrennten Sätzen präsentieren.

(10') *Den größten Anteil am weltweiten Zuwachs hatte nach dem schweren Einbruch des Jahres 2000 die XX. Sie konnte Ihren Absatz um 19 % auf 8 Mio t steigern. Die YY hingegen hatte sich bereits im Vorjahr stark erholt und konnte deshalb nur durchschnittlich zulegen, nämlich mit 4 % auf 19 Mio t. Die ZZ ist in diesem Unternehmensbereich ausschließlich im höherwertigen Segment vertreten; sie konnte ihren Absatz um 1% auf 39 Mio t verbessern*

3.3 Syntaktische Monotonie

Allerdings ist es wichtig, an dieser Stelle darauf hinzuweisen, dass die Würze keineswegs immer in der Kürze liegt. Kurze Sätze können ebenso ermüdend wirken wie lange – nur aus anderen Gründen. Die folgende Textpassage ist dafür ein Beispiel:

(11) *Auf den ausländischen Märkten haben wir mit einem Plus von 8,1 % sehr gut zugelegt. Der Umsatz stieg auf 89 Mio DM. Der*

Auslandsanteil erhöhte sich auf 42 %. Erneut konnte in Italien die Marktposition ausgebaut werden. Dies war auch in Großbritannien der Fall. Beachtliche Zuwächse haben wir auch in Skandinavien sowie in Osteuropa erzielt. Viel versprechende Anfangserfolge sind in Spanien zu verzeichnen. Diese Positionen sind gezielt zu festigen und auszubauen.

Als Autor soll man den Geist des Lesers zwar nicht überstrapazieren, aber man sollte schon zusehen, dass er nicht aus lauter Unterbeschäftigung abschweift. Es gibt durchaus literarische Vorbilder für einen lakonischen Stil mit einfachstem Satzbau – man denke etwa an die Shortstorys von Ernest Hemingway oder den Tractatus logicus-philosophicus von Ludwig Wittgenstein. Aber diese Werke leben dann von der inhaltlichen „Wucht" ihrer Aussage und eignen sich nicht als Vorbilder für Sachprosa aus dem Bereich der Unternehmenskommunikation.

3.4 Fokus

Der Geist des Lesers will gefordert sein, und das lässt sich am besten erreichen durch eine abwechslungsreiche Syntax und eine geschickte Dramaturgie des Satzbaus. Dazu gehört auch eine gezielte Fokussierung innerhalb eines Satzes. Im folgenden Satz ist beispielsweise durch eine ungünstige Stellung der Satzteile ein Sinn entstanden, der nicht den Intentionen des Autors entspricht:

(12)   *2002 sind nur interne Kosten in geringem Umfang angefallen.*

Diesen Satz kann man so verstehen, als wolle der Autor damit sagen, es seien im Jahr 2002 ausschließlich interne Kosten angefallen, und zwar in geringem Umfang. Die deutsche Sprache erlaubt es, wie gesagt, die Wortstellung im Satz sehr liberal zu handhaben. Und diesen Freiraum, den unsere Syntax bietet, kann man dazu nutzen, den intendierten Sinn zu unterstützen. An dem einfachen Beispiel (12) lässt sich zeigen, welche unterschiedlichen Sinn-Nuancen sich ergeben, wenn man die Satzteile verschiebt. Um die verschiedenen Nuancen zu verdeutlichen, expliziere ich in Klammern die Sinn-Implikationen, die durch die unterschiedlichen Wortstellungsversionen nahe gelegt werden.

(12') *2002 sind interne Kosten in nur geringem Umfang angefallen.*

(In früheren Zeiten waren die internen Kosten höher.)

(12") *Interne Kosten sind im Jahr 2002 nur in geringem Umfang angefallen.*

(Andere Kosten waren weniger gering.)

(12''') *Nur in geringem Umfang sind im Jahr 2002 interne Kosten angefallen.*

(In größerem Umfang fielen andere Kosten an.)

(12'''') *2002 sind nur in geringem Umfang interne Kosten angefallen.*

(Dies ist die neutrale, unmarkierte Version, die keine besonderen Sinnimplikationen erzeugt.)

Ein ungünstig gesetzter Fokus kann auch dazu führen, dass ein so genannter Holzwegsatz entsteht; das ist ein Satz, in dem der Leser die syntaktische Analyse zunächst mit einer Hypothese beginnt, die sich im weiteren Verlauf der Lektüre jedoch als irrig herausstellt und revidiert werden muss. Der folgende Satz ist ein Beispiel dafür.

(13) *Hochschulabsolventen vermitteln wir in unserem Einführungsprogramm sowohl die fachlichen Grundlagen für anspruchsvolle IT-Projekte als auch soziale Kompetenzen für das Projektgeschäft und den Umgang mit Kollegen.*

Da das Substantiv *Hochschulabsolventen* bezüglich seines Kasus unmarkiert und damit offen für Interpretationen ist, wird es der Leser zunächst als Subjekt (im Nominativ) oder als Akkusativobjekt interpretieren, um dann feststellen zu müssen, dass es sich um ein Dativobjekt handelt. Der Holzwegeffekt wird in diesem Satz zusätzlich dadurch begünstigt, dass das Verb *vermitteln* zweideutig ist: *jemanden vermitteln* und *jemandem etwas vermitteln*. Dieses Problem kann man auf zweierlei Weise beseitigen; entweder macht man den Kasus explizit, indem man den bestimmten Artikel *den* vor das Substantiv *Hochschulabsolventen* setzt, wie in (13'), oder man stellt den Satz so um, dass eine Fehlinterpretation unwahrscheinlich wird, wie in (13"). Welche Version hier die bessere ist, ließe sich nur in einem größeren Kontext entscheiden.

(13') *Den Hochschulabsolventen vermitteln wir in unserem Einführungsprogramm sowohl die fachlichen Grundlagen für anspruchsvolle IT-Projekte als auch soziale Kompetenzen für das Projektgeschäft und den Umgang mit Kollegen.*

(13") *Wir vermitteln Hochschulabsolventen in unserem Einführungsprogramm sowohl die fachlichen Grundlagen für anspruchsvolle IT-Projekte als auch soziale Kompetenzen für das Projektgeschäft und den Umgang mit Kollegen.*

Wenn ich aufgefordert wäre, all die Schwächen, die im Bereich der Syntax zu beobachten sind, auf den Punkt zu bringen, um sie in eine Empfehlung zu überführen, so würde ich sagen: Achten Sie darauf, dass die Syntax Ihrer Texte transparent und abwechslungsreich ist. Ein einfacher Test zur Kontrolle der Transparenz ist folgender: Lesen Sie Ihren Text einem Außenstehenden vor. Wenn er zum Hörverständnis geeignet ist, dann überschreitet die Syntax Ihres Textes nicht den Rahmen des Zumutbaren. Abschließend sei auch hier eine Checkliste aufgeführt.

Checkliste Syntax

✓ Ist die Syntax korrekt?

✓ Werden komplexe Sachverhalte klar und durchschaubar dargestellt?

- Satzlänge

- Satzklammer

- Vorfeld

- Schachtelsatz

✓ Sind die Satzsequenzen abwechslungsreich gestaltet?

✓ Entspricht die Satzstruktur der Fokussierungsintention?

4. Wortwahl

Der Wortschatz stellt zusammen mit der Syntax den Kernbereich der Sprache und unserer Sprachkompetenz dar. Mithilfe der Wörter unserer Sprache gliedern wir die Welt und machen sie uns kognitiv wie kommunikativ verfügbar. Wenn man die Wortschätze zweier beliebiger Sprachen miteinander vergleicht, so stellt man fest, dass sie nicht deckungsgleich sind. Mit jeder anderen Sprache erwerben wir immer auch eine alternative Weise, die Welt zu gliedern und begrifflich zu klassifizieren. Der Unterschied zwischen *flesh* und *meat* hat im Deutschen beispielsweise keine lexikalische Entsprechung, was natürlich nicht heißt, dass man ihn auf Deutsch nicht ausdrücken könnte. Dafür ist es zum Beispiel nicht leicht, einem Spanier den Unterschied zwischen *(ein Essen) vorbereiten* und *zubereiten* klarzumachen, denn bei ihm heißt beides *preparar*. Wir verwenden Wörter, um Dinge der Welt zu benennen, auf sie zu verweisen, um fiktive Welten zu erdenken – aber wir verwenden Wörter auch zu anderen Zwecken. Mit *tschüs* benennt man nichts, sondern man verabschiedet sich damit. Und wer *verdammt noch mal* sagt, der verweist nicht auf die außersprachliche Wirklichkeit, sondern er flucht. Manche Wörter dienen dazu, die Rede selbst zu kommentieren: Das *mal* in einem Satz wie *Komm mal her* hat beispielsweise die Funktion, die Aufforderung etwas verbindlicher zu gestalten, als sie ohne die Partikel *mal* wäre: *Komm her*. Besondere Aufmerksamkeit verdienen die Wörter, die eine Bewertung in sich tragen, bei denen die bewertende Funktion Teil ihrer Semantik ist: Mit den Adjektiven *geizig* und *sparsam* kann man gegebenenfalls die gleiche empirische Eigenschaft bezeichnen, aber man drückt damit jeweils eine andere bewertende Haltung aus. Einige Wörter mit „eingebauter" Bewertung sind mit Vorsicht zu genießen, nämlich die, deren Gebrauch als „politically incorrect" gilt. Gefährlich sind dabei vor allem diejenigen, von denen man selbst gar nicht weiß, dass ihr Gebrauch von anderen Menschen – meist von den Betroffenen – als verletzend oder despektierlich empfunden wird. Nicht jedem Menschen ist hierzulande bekannt, dass die Samen in Lappland die Bezeichnung *Lappen* als Beleidigung empfinden und dass die unmittelbaren östlichen Nachbarn Deutschlands sich im Allgemeinen nicht der Region „Osteuropa" zugehörig fühlen. Als relativ harmloses Beispiel für einen unangemessenen Gebrauch eines inhärent bewertenden Ausdrucks sei folgender Satz aus dem Geschäftsbericht einer Versicherung genannt. Das Adjektiv *wichtig* ist positiv besetzt; Naturkatastrophen mit zahllosen Toten und Verletzten kann man nicht als „wichtige Ereignisse" apostrophieren. Das Adjektiv *schwerwiegend* wäre an dieser Stelle das angemessene:

(1) *Die **wichtigsten** Ereignisse waren die Erdbeben in der Türkei und in Griechenland.*

Die Bedeutung eines Wortes ist seine Funktion in der Sprache. Eine Bedeutung kennen heißt, eine Gebrauchsregel gelernt haben. Wenn wir wissen, zu welchem Zweck in welchen Situationen man ein bestimmtes Wort verwenden kann, so kennt man die Bedeutung dieses Wortes. Mithilfe der Bedeutung können wir erschließen, was der Autor in einem bestimmten Kontext mit diesem Wort meint. Für Wörter gilt, was wir bereits über die Sprache insgesamt gesagt haben: Wörter sind nicht *per se* gut oder schlecht, schön oder hässlich, nützlich oder überflüssig. All das muss sich erst im aktuellen Gebrauch zeigen. (Auch das überflüssigste Wort erweist sich als nützlich, wenn man einen Essay über überflüssige Wörter verfassen möchte.)

4.1 Fachterminologie

Worin liegen nun die typischen lexikalischen Schwächen von Geschäftsberichten? Eine der gravierendsten ist der unreflektierte Gebrauch von **Fachterminologie**.

(2) *Auf der Basis selbst entwickelter Produktionsverfahren sollen im folgenden Jahr aromatische Nitrile auf den Markt kommen, und*

zwar para Tolunitril, 4-tertiär Butylbenzolnitril, para-Phenylbenzolnitril sowie 2,6-Difluorbenzamid.

Die Gründe dafür liegen auf der Hand: Menschen, die sich tagaus tagein mit einer bestimmten Materie beschäftigen, werden aspektblind. Jeder Autor muss selbstkritisch damit rechnen, dass ein Wort, das er für allgemeinverständlich hält, in Wahrheit Element einer Fachterminologie ist. Das gilt gleichermaßen für Abkürzungen: Nicht jeder Anleger muss wissen, was ein NKW ist oder der ÖPNV[28] – um zwei wenig spektakuläre Beispiele zu nennen.

Wie kann man diesen Problemen begegnen? Gegen die eigene Aspektblindheit ist kein Kraut gewachsen. Die einzige Möglichkeit, sie zu entdecken, besteht darin, die eigenen Texte einem unbefangenen Leser zu lesen zu geben. Solche Leser sollten sich auch innerhalb des Unternehmens finden lassen. Selbstverständlich lässt sich Spezialterminologie nicht immer vermeiden. Sie lässt sich auch nicht immer in eine allgemeinverständliche Sprache übersetzen. Was der Autor mit dem Zitat (2) sagen möchte, lässt sich nicht umgangssprachlich ausdrücken. Was also kann er tun? Zunächst einmal sollte er sich darüber klar werden, welche Funktion eine solche Information für den Leser eines Geschäftsberichts – etwa einen Aktionär oder einen potenziellen Anleger – haben soll. In vielen Fällen wird er zu dem Ergebnis kommen, dass detaillierte technische Produktbeschreibungen für die Anlegerentscheidung überflüssig sind. Um es etwas plakativ zu sagen: Den Käufer eines Autos interessiert nicht, wie das neue Kraftstoffdirekteinspritzsystem funktioniert, sondern welchen Nutzen es für ihn hat. Die technischen Details wird man dem Kunden nicht ohne Spezialterminologie darlegen können – dass das Auto dadurch stärker, schneller und sparsamer wird, aber sehr wohl. Das Analoge gilt für die Beschreibung der Produkte eines Unternehmens im Geschäftsbericht. Was genau 4-tertiär Butylbenzolnitril ist, kann man einem Laien vermutlich nicht ohne weiteres erklären. Wozu man es benötigt und welchen Vorteil es für das Unternehmen hat, aber sehr wohl.

---

28 **Nutzkraftwagen** und **Öffentlicher Personennahverkehr.**

In vielen Fällen ist es jedoch durchaus möglich, Fachterminologie allgemeinverständlich zu übersetzen: „honen – sehr feines Schleifen von Metallflächen", steht beispielsweise im Glossar des Berichts eines Druckmaschinenherstellers zu lesen. In manchen Branchen kommt man mit einer überschaubaren Menge von Fachtermini aus – in diesem Fall bietet es sich an, die einzelnen Begriffe im Text selbst zu erläutern. Das kann entweder in einem parenthetischen Halbsatz geschehen oder durch einen Klammerzusatz oder auch in einer Fußnote. Wenn die benötigte Branchenterminologie umfangreicher ist, dann bietet sich ein Glossar an. Allerdings muss man dann auch dafür sorgen, dass es jedes Jahr auf den neusten Stand gebracht wird.

Bisher haben wir ausschließlich von branchenspezifischer Fachterminologie geredet. Wie steht es mit der finanztechnischen Terminologie, die ja unverzichtbar ist? Einige Unternehmen fügen in ihren Geschäftsbericht zwei Glossare ein, eines mit der branchenspezifischen Terminologie und eines mit den finanztechnischen Fachausdrücken. Das ist ein vorbildlich luxuriöser Service für den Leser! Im Zweifel aber sollte man sich für das branchenspezifische Glossar entscheiden, und zwar aus folgendem Grund: Die finanztechnischen Begriffe sind in allen Geschäftsberichten im Wesentlichen dieselben. Bei einem durchschnittlichen Leser von Geschäftsberichten kann man eine gewisse Vertrautheit mit dieser Terminologie voraussetzen; für den, der regelmäßig Geschäftsberichte liest, könnte es sich gegebenenfalls auch lohnen, sich ein spezielles Wörterbuch anzuschaffen. Ganz anders ist die Situation bei den branchenspezifischen Fachausdrücken. Der potenzielle Anleger ist nicht in der Lage, sich in die Terminologien der einzelnen Branchen einzuarbeiten, noch ist ihm zuzumuten, dass er sich die entsprechenden Fachwörterbücher zulegt.

4.2 Fremdwörter

Bisweilen werde ich gefragt: Wie stehen Sie zu den Anglizismen? Mein Antwort darauf ist sehr einfach: Sehen Sie zu, dass Ihr Text für einen

„durchschnittlichen intelligenten Laien" verständlich ist. Wenn jemand nicht weiß, was *abtäufen* bedeutet oder was eine Windrispe ist, so muss man es ihm erklären, ungeachtet der Tatsache, dass es sich hierbei um autochthone Wörter handelt. Und wenn ein Leser mit dem Wort *Cashflow* oder Ausdruck *Hybrid Capital* nichts anfangen kann, so nützt es ihm vermutlich auch nicht viel, wenn man ihm die Übersetzungen *Kapitalflussrechnung* und *Hybridkapital* anbietet. Man muss ihm eben erläutern, was das ist. Die Anglizismen *Partner, Management, Gully* und *Straps* sind nicht erklärungsbedürftig, die Ausdrücke *Clearing, Headging* und *Swap* aber sehr wohl. Mit anderen Worten: Das Problem hängt nicht an der Frage, ob ein Wort deutschen oder nicht-deutschen Ursprungs ist, sondern ob es dem Wortschatz des durchschnittlichen antizipierten Lesers angehört oder nicht. Im Zweifel gilt: Lieber einen Ausdruck zu viel erklären als einen zu wenig.

4.3 Wortwiederholungen

Die Wortwahl eines Textes sollte klar, treffend und lebendig sein – dies macht ihn lesefreundlich. Wie schafft man das? Zunächst einmal gilt es, unnötige **Wortwiederholungen** zu vermeiden.

(3) *Im Berichtsjahr erhöhten sich die konsolidierten **Umsatz**erlöse um 7 % auf 8,1 Mrd. €. Damit erzielte das Unternehmen den bisher höchsten **Umsatz** in seiner Geschichte und seit dem Börsengang zum vierten Mal in Folge einen **Umsatz**anstieg. Diese Verbesserung ist auf gestiegene **Umsatz**erlöse aller Marken zurückzuführen. Den größten **Umsatz**zuwachs konnte XY mit einem Anstieg um 24 % gegenüber dem Vorjahr verzeichnen. R steigerte seinen **Umsatz** um 3 %, S erzielte ein **Umsatz**wachstum von 4 %. Regional betrachtet war eine deutliche Verbesserung in Asien und Europa zu sehen, wo der **Umsatz** um 15 % beziehungsweise 7 % stieg. In Nordamerika dagegen ging der **Umsatz** um 5 % zurück, während Lateinamerika einen **Umsatz**zu-*

wachs von 7 % erzielte. Nach Bereinigung der Währungseffekte erhöhte sich der Gesamtumsatz des Konzerns um 5 %.

In dieser Passage kommt das Wort *Umsatz* elf Mal vor. Was ist schlecht an Wortwiederholungen? Sie lassen einen Text monoton und dessen Autor einfallslos wirken. Natürlich kann man *Umsatz* nicht durch ein anderes Wort ersetzen. Wenn es um einen Terminus geht, so gilt das Gebot der Konstanz. Selbst wenn es ein Synonym (ein gleichbedeutendes Wort) zu *Umsatz* gäbe, sollte man bei dem einmal gewählten Terminus bleiben, weil bei Variation der Eindruck entstünde, man meine mit dem alternativen Ausdruck etwas anderes. In Fällen, in denen man ein Wort nicht variieren kann oder nicht variieren sollte, gibt es einen Ausweg. Durch geschickten Gebrauch von Pronomina (*er, dieser*) lässt sich, wie unsere Reformulierung zeigt, die Zahl der Wiederholungen von elf auf fünf reduzieren.

(3') *Im Berichtsjahr erhöhten sich die konsolidierten **Umsatz**erlöse um 7 % auf 8,1 Mrd. €. Damit erzielte das Unternehmen den bisher höchsten **Umsatz** in seiner Geschichte und seit dem Börsengang zum vierten Mal in Folge einen Anstieg. An dieser Verbesserung waren alle Marken beteiligt. Den größten Zuwachs konnte XY mit einem Anstieg um 24 % gegenüber dem Vorjahr verzeichnen. R steigerte den **Umsatz** um 3 %, S um 4 %. Regional betrachtet war eine deutliche Verbesserung in Asien und Europa zu sehen, wo der **Umsatz** um 15 % beziehungsweise 7 % stieg. In Nordamerika dagegen ging er um 5 % zurück, während Lateinamerika einen Zuwachs von 7 % erzielte. Nach Bereinigung der Währungseffekte erhöhte sich der Gesamt**umsatz** des Konzerns um 5 %.*

Einfacher ist es, die Wiederholung von nicht-terminologischen Ausdrücken zu vermeiden. Hier können synonyme Ausdrücke verwendet werden – und wenn einem selbst keine einfallen, so kann man ein Synonymenwörterbuch zu Hilfe nehmen.

(4) *Die Finanzanlagen **verringerten sich** aufgrund der Erstkonsolidierung von Gesellschaften. Insgesamt **verringerte sich** das An-*

*lagevermögen um 12 Mio €. Forderungen und sonstige Vermögensgegenstände haben **sich verringert**.*

(4') *Die Finanzanlagen **verringerten sich** aufgrund der Erstkonsolidierung von Gesellschaften. Insgesamt **reduzierte sich** das Anlagevermögen um 12 Mio €. Forderungen und sonstige Vermögensgegenstände sind zurückgegangen.*

Die Wahl synonymer Ausdrücke bietet sich auch an, wenn man das stilistische Niveau ein wenig anheben möchte. Es liegt in der Natur der Sache, dass einem die frequentesten Wörter immer als erste einfallen. Aber die frequentesten sind auch immer stilistisch gesehen die schlichtesten. Ein Text gewinnt an Literarizität, wenn man hin und wieder statt *obwohl wenngleich* wählt, *bereits* statt *schon* oder *häufig* statt *oft* – um nur einige wenige Beispiele zu wählen.

4.4 Jargonwörter

Störend wirken Wortwiederholungen insbesondere dann, wenn ausgesprochene **Jargonwörter** davon betroffen sind wie beispielsweise *insbesondere*. Dies scheint ein ausgesprochenes Lieblingswort von Geschäftsberichtsautoren zu sein. Dabei lässt es sich so leicht ersetzen durch synonyme Ausdrücke wie *vor allem, besonders* oder *hauptsächlich*.

(5) *Positive Währungseffekte, **insbesondere** auf Grund des starken US-Dollar, erhöhten den Umsatz um 10 %. Der Umsatz stieg **insbesondere** bei Ersatzstoffen.*

(5') *Positive Währungseffekte, **vor allem** auf Grund des starken US-Dollar, erhöhten den Umsatz um 10 %. Er stieg **hauptsächlich** bei Ersatzstoffen.*

Jargonhafte Wörter sind auch dann ein Problem, wenn sie nicht in Wiederholungen auftreten. Denn Jargon ist per se ein Symptom für mangelnde Phantasie und Sprachkultur. Ich will hier nur einige wenige Beispiele für geschäftsberichtsspezifische Jargonausdrücke nennen. *Zielsetzung* ist eines davon:

(6)   *Unsere oberste Zielsetzung ist profitables Wachstum.*

In den allermeisten Fällen lässt sich das bombastische Wort *Zielsetzung* ohne Informationsverlust, aber mit Stilgewinn durch *Ziel* ersetzen:

(6')   *Unser oberstes Ziel ist profitables Wachstum.*

(6")   *Als unser oberstes Ziel haben wir uns profitables Wachstum gesetzt.*

Auch das unscheinbare Wort *unverändert* wird in Geschäftsberichten jargonhaft verwendet, und zwar im Sinne von *nach wie vor*:

(7)   *Unverändert ist auch die Marktsituation in unseren beiden Kerngeschäftsfeldern durch erhebliche Überkapazitäten gekennzeichnet.*

(8)   *Unverändert fokussieren wir bei der Entwicklung neuer Produkte auf Bereiche, die in besonderem Maße unsere Objektkompetenz unterstreichen.*

Ebenso beliebt wie tückisch ist das Wort *nachhaltig*. Beliebt ist es, weil Nachhaltigkeit eine neu entdeckte Tugend ist, und tückisch ist es dank seiner Zweideutigkeit. *Nachhaltig* ist zum einen die offizielle Übersetzung zu *sustainable* (*sustainable development* – *nachhaltige Entwicklung*); in diesem Sinne heißt es so viel wie *lange andauernd, langfristig*. Zum anderen wird dieses Adjektiv nicht-terminologisch im Sinne von *stark*, *deutlich* verwendet. Wenn also ein Unternehmen berichtet „Erst im zweiten Halbjahr wurden die Erlöse nachhaltig besser", so wird sich mancher Leser sagen: Ob diese Besserung nachhaltig ist, das wird sich erst noch zeigen! Gemeint ist hier vermutlich eine deutliche Besserung und keine nachhaltige. Welche der beiden Bedeutungen in den folgenden zwei Beispielen gemeint ist, ist nicht ersichtlich. Vielleicht sind die Autoren schon glücklich damit, ein Modewort verwendet zu haben.

(9) *Wir werden unsere Präsenz im US-Markt mit eigenen Produkten in den kommenden Jahren deutlich verstärken und zum Aufbau eines eigenen **nachhaltigen** Geschäftsprofils nutzen.*

(10) *Die Organisationsstruktur wird **nachhaltig** gestrafft.*

4.5 Treffsicherheit

Wer beim Leser einen guten Eindruck hinterlassen möchte, der muss sich bemühen, stets das treffende Wort zu finden. Wer mit seiner Wortwahl haarscharf daneben trifft, wirkt leicht unbeholfen. Betrachten wir drei Beispiele für mangelhafte Treffsicherheit:

(11) ***Der Anstieg war** besonders in den Ländern der EU mit einem Wachstum von 20 % **sehr erfolgreich**.*

Nicht der Anstieg war erfolgreich, sondern das Unternehmen, und das zeigt sich an dem hohen Anstieg. Gemeint ist also etwa Folgendes:

(11') *Der Anstieg war in den Ländern der EU mit 20 % besonders hoch.*

Im nächsten Beispiel ist das Verb *schwanken* nicht seiner Bedeutung gemäß verwendet:

(12) *Das Neugeschäftswachstum **schwankte** zwischen 68 Prozent in Deutschland, 25 Prozent in Italien und 15 Prozent in Frankreich.*

Von Schwankungen kann man reden, wenn etwas auf und ab oder hin und her geht; in diesem Falle aber liegt keine Schwankung vor, sondern eine unterschiedliche Entwicklung.

(12') *Das Neugeschäft ist in Europa in unterschiedlichem Maße gewachsen ...*

4.6 Metaphorik

Bisher haben wir Beispiele vorgeführt, die zeigen, wie man einen Text für den Leser unattraktiv macht: durch hermetische Spezialterminologie, Wortwiederholungen, Jargonausdrücke und durch unbeholfene Wortwahl. Was aber sorgt für Lebendigkeit? Man male sprachliche Bilder! Sprachliche Bilder einer bestimmten Art nennt man **Metaphern**. Die Kunst, treffende und geistreiche Metaphern zu bilden, besteht darin, ein Ding oder ein Ereignis – meist ein eher abstraktes – durch die Brille eines anderen, und zwar anschaulicheren Konzepts zu betrachten und zu beschreiben:

(14)   *Die Europäische Zentralbank zog die monetären Zügel an.*

(15)   *Nachdem wir in den ersten drei Quartalen sämtliche Hürden genommen hatten, legten wir im vierten Quartal einen fulminanten Endspurt hin.*

(16)   *Wir haben in schwerer See sämtliche Klippen sicher umfahren.*

Als Quelle der sprachlichen Bilder sind viele Bereiche geeignet: Reiterei (*Zügel anziehen, Hürden nehmen, im gestreckten Galopp, sich im Sattel halten, jemandem in die Parade fahren*), Wettrennen (*in den Startlöchern stehen, durchstarten, Startschuss, Endspurt*), die Seefahrt (*Rückenwind haben, Klippen umschiffen, auf Kurs sein*), Eisenbahn (*Abstellgleis, Weichen stellen, Konjunkturlokomotive*), Gebäude (*Grundstein legen, tragende Säulen, festes Fundament, glänzende Fassade*), Landwirtschaft (*säen und ernten, düngen, zarte Pflänzchen zum Wachstum bringen, eingehen*), Wetter (*Gewitterwolken, Silberstreifen am Horizont, abkühlende Schauer, Hitzewelle*) und viele andere mehr. Die Möglichkeiten der Metaphorik sind lediglich beschränkt durch die Grenzen der eigenen Phantasie. Der Einsatz geeigneter Bildlichkeit ist eine hohe Kunst, aber auch lohnendes Geschäft. Wie eindringlich ist doch in dem folgenden Satz (17) das Bild des Durchkämmens im Vergleich zu einer Formulierung, die auf Bildlichkeit verzichtet:

(17)   *Wir durchkämmen den gesamten Konzern auf der Suche nach Optimierungspotenzialen.*

(17')   *Wir werden im Konzern alle sich bietenden Optimierungspotenziale identifizieren.*

4.6.1 Bildbrüche

Chancen und Risiko liegen aber im Leben oft eng beieinander – so auch bei sprachlicher Metaphorik. Wer die Kunst der bildlichen Rede nicht beherrscht, läuft Gefahr, so genannte Bildbrüche zu erzeugen. Sie entstehen, wenn Bilder miteinander verknüpft werden, die nicht zueinander passen: „Der Platzhirsch musste Federn lassen!" (Merke: Sprachliche Bildlichkeit ist ein zweischneidiges Schwert, das nach hinten und nach vorne losgehen kann!)

(18)   *Wir bogen auf einen **flacheren Wachstumspfad** ein.*

(19)   *Wir haben **auf allen Feldern die Weichen** neu gestellt.*

(20)   *Dies war nicht nur ein wichtiger Schritt im Hinblick auf die Europäische Währungsunion, sondern versetzt die XY gleichzeitig in die Lage, die heterogene europäische **Börsenlandschaft** unabhängig von den weiter bestehenden nationalen Währungen **unter einem Dach** zu vereinigen.*

Wer also Metaphern einsetzen möchte – und das sei auf jeden Fall empfohlen –, der muss zum einen darauf achten, dass die Metaphorik zum Berichtsthema passt, und zum zweiten dafür sorgen, dass die Bilder in sich konsistent sind. Ein semantischer Synergie-Effekt lässt sich dadurch erreichen, dass man innerhalb einer Texteinheit, beispielsweise im Brief an die Aktionäre, bei einem Bildbereich bleibt und diesen – natürlich dezent – durchspielt. Als Hilfe kann man sich dafür vorab eine kleine Liste von sprachlichen Bildern eines bestimmten Bereichs anlegen, etwa dem der Seefahrt: *Segel setzen, Kurs halten, das Steuer fest in der Hand halten, gegen den Wind kreuzen, Fahrt aufnehmen, Ballast über Bord werfen* usw. In einem kurzen Brainstorming kann man sich sehr leicht mehrere Pools von Formulierungsmöglichkeiten schaffen, die ihrerseits wieder die Formulierungsphantasie anregen können.

Metaphern befinden sich auf einem Kontinuum von absoluter Frische zu vollständiger Blässe. Die meisten Metaphern der nicht-poetischen Sprache liegen irgendwo dazwischen, so auch unsere Seefahrtsbeispiele. Sie haben den Vorteil, noch bildhaft zu wirken, aber schon problemlos interpretierbar zu sein. Bei allzu geläufigen Metaphern besteht die Gefahr, dass man sie nicht mehr recht als Bilder erkennt und mit unpassenden Ausdrücken kombiniert. Dies passiert sehr häufig mit dem Bild des Meilensteins. Von einem Ereignis zu sagen, es sei ein Meilenstein, heißt, es als besonders wichtig zu charakterisieren. Da es keine unwichtigen Meilensteine gibt, handelt es sich auch bei (21) und (22) um Bildbrüche.

(21) *Die Inbetriebnahme war ein bedeutender Meilenstein.*

(22) *Dies wurde ein wichtiger Meilenstein für die weitere Entwicklung*

Um einen ähnlichen Fall handelt es sich bei (23); das Bild des Gleichziehens passt nicht zu dem des Schrittes. Geeignet wäre hier die Formulierung „um aufzuholen":

(23) *Damit sind uns unsere Mitbewerber **einen Schritt voraus**. Um **gleichzuziehen** muss die XY-Industrie hier Aktualität gewinnen.*

Völlig gescheitert ist das folgende metaphorische Projekt:

(24) *Das Wachstum wird nach Auffassung des Vorstands im Geschäftsjahr 2002 **auf mehreren Standbeinen beruhen**.*

Zum einen hat man nicht „mehrere" Standbeine, und zum anderen kann Wachstum nicht auf Standbeinen „beruhen"! „A beruht auf B" besagt doch, dass B der Grund für A ist. Standbeine können aber nicht der Grund für Wachstum sein. Allenfalls kann etwas auf einem Standbein „ruhen". Aber das Bild des Ruhens passt wiederum nicht zum Wachstum.

4.6.2 Verletzende Metaphern

Metaphern können auch verletzen! Diese Gefahr besteht dann, wenn man sich betriebsintern an eine Metapher gewöhnt hat und deren Bildlichkeit nicht mehr wahrnimmt, extern aber die Metapher noch ihre Bildkraft entfalten kann. So mag es beispielsweise einem Mitarbeiter befremdlich vorkommen, wenn er sich im Geschäftsbericht seines Unternehmens als „Humankapital" wiederfindet:

(25) *Verringerung des Wachstumspotenzials durch nicht genutztes Humankapital*

Ich will nicht behaupten, dass man solche Ausdrücke überhaupt nicht verwenden darf; es mag durchaus Kontexte geben, in denen sie am Platze sind. Generell aber sollte man sich vor verdinglichender Redeweise über Menschen hüten, denn sie birgt immer die Gefahr, inhuman zu wirken. So ist beispielsweise (26') eine akzeptablere Version, über junge Frauen zu reden, als (26):

(26) *Insgesamt wurden 30 Führungskräfte zu Mentoren ausgebildet, um junge weibliche Potenziale systematisch in ihrer Entwicklung zu fördern.*

(26') *Insgesamt wurden 30 Führungskräfte zu Mentoren ausgebildet, um junge Frauen mit Entwicklungspotenzialen systematisch zu fördern.*

4.7 Imponierwörter

Zum Schluss dieses Kapitels über die Wortwahl möchte ich noch einen Appell richten an alle Wichtigtuer: Halten Sie sich mit protziger Diktion zurück! Glaubwürdigkeit setzt ein gewisses Maß an Bescheidenheit voraus. Und diese Tugend muss man in einigen Geschäftsberichten mit der Lupe suchen.

(27) Sie gilt in der XY-Branche als Inbegriff für **ausgefeilteste** Technik und **gehobenstes** Design. **Anspruchvollste** Kunden setzen
auf Produkte dieser High-End-Spezialmarke.

Zwar ist der Geschäftsbericht ein Instrument der Selbstdarstellung, bei dem es keinen Grund gibt, das eigene Licht unter den Scheffel zu stellen. Aber hüten sollte man sich vor Übertreibungen – vor allen Dingen, wenn sie klischeehaft formuliert sind. Sonst entsteht rhetorischer Kitsch – Wirkung ohne Ursache. Eines der beliebtesten Wörter deutscher Geschäftsberichte ist das Adjektiv *konsequent*: Da wird „konsequent fokussiert", Synergien werden „konsequent gehoben", Einsparpotenziale „konsequent genutzt", Marktführerschaften „konsequent ausgebaut" und „gesteckte Ziele konsequent verfolgt".

Die Checkliste bietet eine Zusammenfassung dieses Kapitels in Stichworten und die Möglichkeit der Selbstüberprüfung.

Checkliste Wortwahl

✓ Wird unerläuterter Fachjargon vermieden?

- unerläuterte Fachbegriffe

- unerläuterte Abkürzungen

✓ Ist die Wortwahl angemessen und abwechslungsreich?

- fehlerhafte Wortwahl

- unbeholfene Wortwahl

- floskelhafte beziehungsweise jargonhafte Wortwahl

- Wortwiederholungen

✓ Ist die Wortwahl lebendig und anschaulich?

- keine Metaphorik

- schiefe, missglückte Metaphorik

- unpassende Metaphorik

5. Stil

Bereits im ersten Teil dieses Buches gingen wir der Frage nach, was „guter Stil" sei. Die Antwort lautete: Den guten Stil an sich gibt es nicht. Qualitätsurteile bezüglich des Stils sind in hohem Maße Adäquatheitsurteile, und diese kann man nur in Bezug auf eine bestimmte Textgattung, auf bestimmte Kommunikationsziele und Kommunikationssituationen treffen. Von einem Text zu sagen, er sei sprachlich korrekt, ist eine Sache, von ihm zu sagen, er sei stilistisch adäquat, ist eine andere. Ein Unternehmen muss den Stil finden, der zu ihm passt. Ein Markenartikler kann und sollte sich stilistisch anders präsentieren als ein Lebensversicherer.

Stil entsteht dadurch, dass bestimmte Wahlen sprachlicher Mittel – vor allem im Bereich des Wortschatzes und des Satzbaus – als Symptome angesehen werden für bestimmte Eigenschaften oder Merkmale des Autors. Wer „meines Vaters Auto" schreibt, ist gebildet, wer „das Auto von meinem Vater" schreibt, ist einfach, und wer „meinem Vater sein Auto" schreibt, ist ungebildet. So ungefähr könnte ein Stereotyp der sprachlichen Bewertung aussehen. Diese drei Varianten unterscheiden sich ja keineswegs in ihrem Informationsgehalt oder in ihrer Klarheit! Alle drei Versionen sagen präzise, „wem sein" beziehungsweise „wessen" Auto das ist. Sie unterscheiden sich ausschließlich in den Pauschalbewertungen, die mit den Formulierungen jeweils verbunden sind, wobei sich ästhetische Werturteile bei genauem Hinsehen sehr oft als soziale Werturteile herausstellen. Warum sollte auch ein Genitiv „schöner" sein als ein Dativ? Worin besteht die Ästhetik eines Kasus? Ganz allgemein lässt sich sagen: Die Wahl der sprachlichen Mittel lässt Rückschlüsse auf den Sprecher beziehungsweise Autor zu. Diese Rückschlüsse können sehr verschiedene Bereiche betreffen: die regionale Herkunft, den sozialen Status, die Intelligenz, die institutionelle Zugehörigkeit, die politische Überzeugung, den Charakter, den Bildungsgrad, den religiösen Glauben, die Sorgfalt und vieles mehr. Was auch immer man sagt oder schreibt – man kann nicht vermeiden, dass die Art und Weise, in der man es tut, zum Ausgangspunkt von Rückschlüssen der genannten Art gemacht wird. Die Rückschlüsse mögen im Einzelfall völlig falsch sein! Darauf kommt es nicht an. Wichtig ist nicht, ob diese Schlüsse begründet oder unbegründet sind; wichtig ist vielmehr, ob sie üblich sind und ob sie gezogen werden. Und da die Richtungen, in die die Schlüsse beziehungsweise Assoziationen gehen (können) so vielfältig sind, ist die Kategorie „Stil" so schwer greifbar. Was wir im Einzelfall als „den Stil" eines Textes empfinden, ist eine wilde Gemengenlage von Assoziationen und Schlüssen.

Wir wollen Stil wie folgt definieren:

> Was der Leser als den Stil eines Textes empfindet beziehungsweise wahrnimmt, ist die Summe der symptomischen Schlüsse, die dieser bei ihm auslöst.

Stil entsteht immer da, wo wir Wahlmöglichkeiten haben. In rituell festgeschriebene Kommunikationsformen – etwa dem Ja-Wort oder der Taufformel – stellt sich die Frage nach dem Stil nicht. Und bei weitgehend ritualisierten Textgattungen, wie etwa dem Bestätigungsvermerk in Geschäftsberichten, sind Stilurteile nur eingeschränkt sinnvoll.

5.1 Bürokratenstil

Da Stil die Wahl der lexikalischen und grammatischen Mittel betrifft, handelt es sich im Grunde genommen nicht um eine eigenständige Kategorie. Wir hätten Fragen des Stils im Wesentlichen unter den Rubriken ‚Syntax' und ‚Wortwahl' abhandeln können. Dass wir dafür eine eigene Rubrik vorsehen, hat vor allem einen Grund: Es gibt eine Reihe von Merkmalen, die, wenn sie als Bündel auftreten, den Eindruck von Bürokratendeutsch erwecken. Und genau dieses Bündel erfreut sich bei Geschäftsberichtsautoren großer Beliebtheit. Oder anders ausgedrückt: Es gibt Wahlen sprachlicher Mittel, die zu Rückschlüssen auf die Herkunft des Autors einladen: Wer so schreibt, kommt aus einer Behörde! Da Behörden nicht in dem Ruf stehen, schlank, effizient und sympathisch zu sein – zu Recht oder zu Unrecht – ist dieser Schluss aus der Sicht eines Unternehmens nicht wünschenswert. Dies und nur dies ist der Grund dafür, dass wir Bürokratendeutsch als abstoßend und hässlich empfinden, und zwar auch dann, wenn es klar verständlich ist. Die bürokratisch anmutende Aussage (1) ist nicht weniger klar als die unbürokratische Version (1'), sie ist nur weniger „sympathisch"!

(1) *Unter Zugrundelegung dieser Annahme erwarten wir folgende Ergebnistrends:* ...

(1') *Wenn wir diese Annahme zugrunde legen, können wir davon ausgehen, dass sich unser Ergebnis folgendermaßen entwickeln wird*: ...

Dieses kleine Beispiel macht bereits eines deutlich: Die bürokratische Version ist (meist) kürzer als die nicht-bürokratische Alternative. Die eigentliche Triebfeder für bürokratische Diktion ist das Streben nach Verdichtung. (Vermutlich waren die Beamten früher gehalten, Papier und Tinte zu sparen.) Wer narrativ und nicht-bürokratisch schreiben will, benötigt etwas mehr Platz, aber den können Geschäftsberichtsautoren normalerweise leicht wieder wettmachen, indem sie auf unnötige Redundanzen verzichten. Wir wollen uns nun die wesentlichen Merkmale des Bürokratendeutsch ansehen und anhand von Beispielen besprechen. Vorab sei aber darauf hingewiesen: Keines dieser Merkmale ist für sich genommen verdammenswert oder bürokratisch! Der Eindruck von Bürokratendeutsch kommt erst dann zustande, wenn diese Merkmale in Kombination und in einer gewissen Häufung auftreten. Daraus folgt, dass es zwischen bürokratisch anmutenden Texten und narrativen Texten ein Kontinuum gibt. Das bürokratische Maximum erreicht man dann, wenn man die in der Checkliste erwähnten Merkmale aufgreift und so massiv wie möglich „zwecks obigen Betreffs zur Anwendung bringt".

5.1.1 Substantivstil

Substantivhäufung ist das erste unverzichtbare Merkmal des Bürokratendeutsch. Nun werden Sie sich fragen: Was ist schlecht daran, Substative zu verwenden? Die Antwort lautet: Nichts. Und dies zeigt, dass der übliche Ausdruck „Substantivhäufung" zu unpräzise ist. Es geht nicht um Substantive an sich, sondern um solche Substantive, die von Verben abgeleitet sind und an deren Stelle verwendet werden. Das sind vornehmlich Substantive auf *-ung*, wie beispielsweise *Steigerung, Optimierung* oder *Gewinnung*, denen die Verben *steigern, optimieren* und *gewinnen* zugrunde liegen. Ein Problem bei diesen so genannten deverbalen (von Verben abgeleiteten) Substantiven besteht darin, dass sich der Autor gleichsam die Verben wegnimmt, wenn er sie substantiviert. Das syntaktische Zentrum eines Satzes ist das Prädikat, das immer mit einem Verb gebildet wird. Wenn man nun die verbale Aussage in ein Substantiv packt, dann bleibt einem für das Prädikat nichts Gehaltvolles mehr übrig. Der Autor muss dann zu blassen, semantisch neutralen Verben greifen. Schauen wir uns das folgende Beispiel an: Der Autor wählte in Satz (2) statt des Verbs *steigern* das Substantiv *Steigerung*; damit hat er im Prädikat eigentlich nichts mehr zu sagen. Denn alles, was er sagen wollte, steckt bereits im Substantiv. In diesem Fall nahm der Autor zu dem blassen Verb *erzielen* Zuflucht (auf den Aspekt des Passivs kommen wir im Kapitel 5.1.3):

(2) *Dennoch wurde im Gesamtjahr eine deutlich überproportionale Ergebnis**steigerung** **erzielt**.*

(2') *Dennoch konnten wir im Gesamtjahr das Ergebnis deutlich überproportional **steigern**.*

Auch Substantivierungen von Infinitiven der folgenden Art kommen fast ausschließlich in behördlichen Texten vor:

(3) ***Das Erreichen*** *der Kostenführerschaft für unsere wichtigsten Produkte ist essentieller Bestandteil unserer Produktbereichsstrategie.*

(3') Wir wollen für unsere wichtigsten Produkte die Kostenführerschaft erreichen. Dies ist essentieller Bestandteil unserer Produktbereichsstrategie.

5.1.2 Funktionsverbfügungen

Funktionsverbfügungen bilden einen Spezialfall der bürokratischen Technik, den Inhalt des Verbs mit Hilfe eines Substantivs zu formulieren. Damit ist Folgendes gemeint: Verben wie *abschließen*, *durchführen*, *einsetzen* (und viele andere mehr) lassen sich ersetzen durch die Fügungen *zum Abschluss bringen*, *zur Durchführung bringen*, *zum Einsatz bringen*. Anstelle des Verbs *bringen* kann auch – mit etwas anderer Bedeutung – das Verb *kommen* gewählt werden. Solche Konstruktionen nennt man Funktionsverbfügungen. Die Verben *bringen* und *kommen* haben in ihrer Verwendung als Funktionsverben ihren semantischen Gehalt nahezu völlig verloren und fast nur noch die Funktion, die Prädikatsposition syntaktisch zu füllen.[29] Ein Vergleich von Satz (4) mit der unbürokratischen Variante (4') macht den Unterschied deutlich:

(4)   *Zur **Gewinnung** und **Bindung** von Führungskräften **werden** auch Aktienoptionen als Instrument wertorientierter Entlohnung **zum Einsatz gebracht**.*

(4') *Um Führungskräfte zu gewinnen und zu binden, setzen wir auch Aktienoptionen als Instrument wertorientierter Entlohnung ein.*

Worin besteht der Unterschied? Drei Dinge wurden ersetzt: die *ung*-Substantive *Gewinnung* und *Bindung* durch die zugrunde liegenden Verben *gewinnen* und *binden*, die Funktionsverbfügung *zum Einsatz bringen* durch das einfache Verb *einsetzen* und die Passivkonstruktion durch eine Aktivkonstruktion.

---

[29] Ganz haben sie die Bedeutung nicht verloren, sonst hätten *zur Durchführung bringen* und *zur Durchführung kommen* nicht verschiedene Bedeutungen.

Welchen Effekt hat das? Um uns dies zu verdeutlichen, müssen wir uns die logische Struktur eines normalen Aussagesatzes vergegenwärtigen. Eine Aussage kommt dadurch zustande, dass man auf einen Gegenstand (oder mehrere Gegenstände) Bezug nimmt und über diesen (oder diese) etwas aussagt. Linguisten nennen die Bezugnahme Referenz und die Aussage Prädikation. Zur Referenz dienen vor allem Substantive und zur Prädikation die Verben. Wenn man mit Verben referieren will, muss man sie zu Substantiven machen: *die Gewinnung* oder *das Gewinnen*. Die semantische Blässe von Sätzen wie (4) kommt nun dadurch zustande, dass jede Menge Referenzakte vollzogen werden und eine verbale Prädikation semantisch gesehen eigentlich nicht stattfindet. Das verbale Prädikat dieses Satzes lautet *werden gebracht* und ist – semantisch gesehen – nahezu nichtssagend. Mit den Substantiven *Gewinnung, Bindung* und *Einsatz* verdinglicht der Autor die Aktivitäten des Unternehmens, um auf sie referieren zu können. Mit den Verben *gewinnen, binden* und *einsetzen* hingegen werden die Aktivitäten als Aktivitäten des Unternehmens prädiziert: „Wir gewinnen, binden und setzen ein", so lauten die verbalen Prädikationen in (4') – gegenüber „es wird gebracht" in (4). Das ist der Grund, weshalb (4') aktiver klingt als (4).

5.1.3 Passivkonstruktionen

Passivkonstruktionen spielen bekanntermaßen beim Erzeugen eines bürokratischen Eindrucks ebenfalls eine eminente Rolle. Aber es ist wichtig zu betonen, dass es keinen Grund gibt, das Passiv generell zu verteufeln, wie dies in der Ratgeberliteratur meist getan wird. Im Gegenteil, es gibt gute Gründe unter gewissen Bedingungen dem Passiv den Vorzug vor dem Aktiv zu geben.[30] Um die Vorzüge und Nachteile von Passivkonstruktionen einschätzen zu können, wollen wir uns kurz die Funktionen des Passivs klarmachen. Das Passiv wird gebildet mit einer Form des Hilfsverbs *werden* plus dem Partizip II des Vollverbs:

---

[30] Siehe dazu Radtke 1998: 251ff.

(5)   *Die Tür wird vom Hausmeister geschlossen.*

Neben diesem *werden*-Passiv gibt es noch das so genannte *sein*-Passiv, das auch Zustandspassiv genannt wird:

(5')   *Die Tür ist geschlossen.*

Dabei handelt es sich syntaktisch gesehen um eine Form des Adjektivprädikats, wie der folgende Vergleich deutlich macht. Jedes Partizip II lässt sich wie ein Adjektiv verwenden.

(5'')   *Die Tür ist geschlossen / die geschlossene Tür – die Tür ist rot / die rote Tür*

Wir werden uns im Folgenden vornehmlich mit dem *werden*-Passiv beschäftigen. Es hat in unserer Sprache im Wesentlichen zwei Funktionen: Die erste Funktion besteht darin, dass es erlaubt, den Akteur ungenannt zu lassen, eine Möglichkeit, die die entsprechende Aktivform nicht bietet:

(5''')   *Der Hausmeister schließt um 20 Uhr die Tür. – Die Tür wird (vom Hausmeister) um 20 Uhr geschlossen.*

Dass der Autor die Option hat, den Akteur ungenannt zu lassen, ist durchaus sinnvoll: Denn es gibt selbstverständlich Situationen, in denen es wichtig ist, den Adressaten beispielsweise wissen zu lassen, dass die Tür um 20 Uhr geschlossen wird, es aber unwichtig ist zu sagen, wer sie schließt. Außerdem gibt es Situationen, in denen der Akteur unbekannt ist, wie in (6), oder in denen es redundant wäre, ihn zu erwähnen, wie in Satz (7), oder in denen die Akteure unspezifisch sind, wie in (8).

(6)   *Die Urkunden wurden entwendet.*

(7)   *Als Nachfolger von Herrn XY wurde YZ als Vertreter der Arbeitnehmer gerichtlich bestellt.*

(8)   *Benötigte Daten und Fakten sind nun schneller zugänglich, Arbeitsprozesse können standardisiert und über das Intranet abgewickelt werden.*

Die zweite wichtige Funktion des Passivs ist eine rhetorische: Mithilfe des Passivs kann man den Fokus der Aussage gezielt verschieben. Wenn in einem Textabschnitt zum Beispiel von der Branchenentwicklung die Rede ist, so ist es vernünftig, diese zum Subjekt des Satzes und damit zum fokussierten Gesprächsgegenstand zu machen, wie in (9); der entsprechende Aktivsatz würde entweder zu einer syntaktisch irreführenden Konstruktion, einem so genannten Holzwegsatz, führen, wie in (9'), oder er würde den Fokus – rhetorisch ungeschickt – auf den Konjunkturabschwung legen, wie in (9"):

(9) *Diese branchenspezifische Entwicklung wurde noch verschärft durch den weltweiten Konjunkturabschwung.*

(9') *Diese branchenspezifische Entwicklung verschärfte noch der weltweite Konjunkturabschwung.*

(9") *Der weltweite Konjunkturabschwung verschärfte noch diese branchenspezifische Entwicklung.*

Schließlich – auch das sei nicht verschwiegen – kann das Passiv eine geeignete Wahl sein, wenn der Autor daran interessiert ist, den Akteur „aus der Schusslinie" zu bringen, etwa dann, wenn *bad news* zu berichten sind, die man eigentlich am liebsten ungenannt ließe. Eine Untersuchung hat aber gezeigt, dass in Geschäftsberichten von dieser Möglichkeit, die Satz (10) exemplifiziert, erstaunlich selten Gebrauch gemacht wird.[31]

(10) *Aufgrund des veränderten Marktumfelds wurde gegenüber dem Höchststand von 6.500 Mitarbeitern im März 2000 die Zahl der Beschäftigten um gut 10 % reduziert.*

Selbstverständlich ist in einer solchen Nachricht die Passivformulierung aus der Sicht des Unternehmens vorzuziehen, denn sie lässt das Ereignis des Stellenabbaus unpersönlicher und gleichsam „schicksalhafter" erscheinen als die entsprechende Aktivversion:

---

31 Schulmann 2002: 75ff.

(10') *Aufgrund des veränderten Marktumfelds haben wir gegenüber dem Höchststand von 6.500 Mitarbeitern im März 2000 die Zahl der Beschäftigten um gut 10 % reduziert.*

Als Fazit dieser Passiv-Beispiele können wir festhalten: Es gibt keinen Anlass, die Passivkonstruktion generell zu verdammen oder pauschal zu empfehlen, sie zu vermeiden. Wichtig ist – und das gilt für alle sprachlichen Erscheinungen –, dass man sie funktionsgerecht einsetzt.

Damit sind wir beim zweiten Teil unserer Betrachtungen zum Passiv: Was sich am Beispiel (10) als vorteilhaft für das Unternehmen erweist, ist dann von Nachteil, wenn das Unternehmen von Erfolgen berichten kann. Zahllose Berichte über die Umsatz- und Ergebnisentwicklung von Unternehmen lesen sich so, dass man sich fragt: Gibt es in diesem Unternehmen denn kein Management? Da wird berichtet, dass die Umsätze *gestiegen sind*, Kostenstrukturen *optimiert wurden* und dass *in Folge* das Ergebnis *verbessert wurde*! Bei Erfolgsmeldungen gibt es gar keinen Grund für eine schicksalhafte Diktion mithilfe des Passivs. *Wir* haben die Umsätze gesteigert und die Kostenstruktur optimiert, und deshalb ist es *uns* gelungen das Ergebnis zu verbessern!

Der Manager in einem Unternehmen unterscheidet sich von einem Beamten in der Behörde vor allem dadurch, dass ersterer Entscheidungen fällt und verantwortet, während letzterer im Dienste der Staatsadministration Vorschriften folgt und deshalb prinzipiell auch austauschbar ist. Das ist der Grund dafür, dass im Beamtenjargon das Passiv adäquat sein mag und in der Unternehmenskommunikation im Normalfall fehl am Platze ist. Wer wirkungsvoll von seinen Erfolgen berichten will, der muss den Akteur beim Namen nennen! Dieses Prinzip lässt sich verallgemeinern: Wer von Handlungen und Entscheidungen berichtet, hat keinen Grund, sich zu verstecken. Wenn keine inhaltlichen, rhetorischen oder taktischen Gründe dagegen sprechen, sollte das Aktiv die bevorzugte Wahl sein – also nicht (11) sondern (11'):

(11) *Mithilfe dieses Systems können bestandsgefährdende Risiken rechtzeitig **erkannt** und die notwendigen Maßnahmen **eingeleitet werden**.*

(11') *Mit diesem System können wir bestandsgefährdende Risiken rechtzeitig **erkennen** und die notwendigen Maßnahmen **einleiten**.*

5.1.4 Die dritte Person

In diesem Zusammenhang muss man das Problem der Selbstreferenz ansprechen: Ist es besser, im *wir*-Stil zu schreiben, wie in (12), oder ist die dritte Person (12') die angemessenere Wahl?

(12) *Wir bieten unseren Kunden auch die notwendige logistische Unterstützung.*

(12') *Die XY AG bietet ihren Kunden auch die notwendige logistische Unterstützung.*

Generell spricht nichts dagegen, über das eigene Unternehmen in der dritten Person zu berichten. Aber der Autor handelt sich mit der dritten Person folgendes Problem ein: Da er nicht ständig den Unternehmensnamen verwenden will – denn das würde monoton und ermüdend wirken –, ergreift er jede Möglichkeit, den Namen, und damit den Akteur, unerwähnt zu lassen. Und das geeignete sprachliche Mittel dazu ist, wie wir gesehen haben, das Passiv. Mit anderen Worten: Die Entscheidung für die dritte Person führt nahezu zwangsläufig zur Flucht ins Passiv. Deshalb ist es generell einfacher, einen guten Text im *wir*-Stil zu verfassen als im Stil der dritten Person. Dabei spricht nichts dagegen, in einigen Passagen den Unternehmensnamen zur Selbstreferenz zu verwenden. Die dritte Person wirkt im Allgemeinen „herrschaftlicher" und repräsentativer, aber auch distanzierter; die *wir*-Form wirkt persönlicher und vielfach auch sympathischer, denn sie ist nicht ausgrenzend.

5.1.5 Partizipialattribute

Bürokratenjargon ist, wir haben es bereits festgestellt, geboren aus dem Streben nach Verdichtung. Ein prominentes Mittel, Sätze auf behördliche Weise kompakter zu machen, sind Partizipialattribute:

(13) *Der aus der Saldierung aller Mittelzu- und -abflüsse resultierende Bestand*

(13) ist eine Substantivgruppe – *der Bestand* –, die durch ein Partizipialattribut – *aus der Saldierung aller Mittelzu- und -abflüsse resultierende* – erweitert ist. In diesem Fall reden Linguisten von einer Nominalklammer: Der Artikel *der* und das Nomen *Bestand* umklammern das Attribut. Der Effekt für den kognitiven Aufwand des Lesers ist ähnlich dem der verbalen Satzklammer, die wir im vierten Kapitel (S.107ff.) besprochen haben. Das Kurzzeitgedächtnis wird belastet, weil der Leser das Attribut so lange zwischenspeichern muss, bis er beim Nomen angelangt ist. Noch schlimmer wird die Belastung in Konstruktionen, in denen der Autor auf den Artikel verzichtet, denn damit fehlt dem Leser auch noch die syntaktische Vororientierung:

(13') *Aus der Saldierung aller Mittelzu- und -abflüsse resultierende Bestände*

Partizipialattribute lassen sich meist in Relativsätze umformulieren. Damit liest sich der Satz entspannter, und der Leser kann die Konstruktion im Lesefluss von links nach rechts abarbeiten:

(13") *Der Bestand, der aus der Saldierung aller Mittelzu- und -abflüsse resultiert*

Nicht selten findet man in Geschäftsberichten auch Verbalaussagen in Form von Partizipialattributen. In diesen Fällen steht das Attribut im Dienste des bereits besprochenen Substantivstils. Wenn man die *trotz*-Phrase des folgenden Beispielsatzes in einen Nebensatz umformuliert, wird auch hier der Stil entspannter – und zudem ein wenig literarischer. Die Literarizität eines Textes lässt sich zusätzlich durch die Wahl „erlesenerer" Wörter erhöhen. Statt *obwohl* bietet sich in diesem Fall auch *wenngleich* an.

(14) *Trotz einer **gleichgebliebenen** Rohertragsmasse von 40 % und eines absoluten Anstiegs der Kosten ...*

(14') *Obwohl / wenngleich die Rohertragsmasse mit 40 % gleich geblieben ist und die Kosten absolut gesehen angestiegen sind ...*

5.1.6 Bürokratenfloskeln

Es gibt noch eine andere Sorte von Partizipialattributen, die zwar nicht das Gedächtnis belasten, aber die Ästhetik des Stils. Sie gehören zu der Gattung „redundante Bürokratenfloskeln":

(15) *Die **durchgeführten** Maßnahmen werden uns diesen Zielen näher bringen. Für das uns **entgegengebrachte** Vertrauen und die **gewährte** Unterstützung bedanken wir uns.*

Diese floskelhaften Attribute dienen offensichtlich nicht der Verdichtung, sondern der pathetischen Aufblähung. Pathetischen Stil findet man meist in Passagen des Dankes. Aber Pathos ist riskant – es wirkt hohl, aufgesetzt und unauthentisch, wenn man spürt, dass es nicht von Herzen kommt. Und eine Möglichkeit, den Leser dies spüren zu lassen, ist der Gebrauch abgegriffener Floskeln. Bei den hier zitierten Floskeln kommt noch erschwerend hinzu, dass sie semantisch absolut redundant sind. Immer wenn ein Unternehmen von den *durchgeführten* Maßnahmen, der *geleisteten* Arbeit und dem *entgegengebrachten* Vertrauen redet, gibt es zu verstehen, dass es schwadroniert. Denn über die nicht durchgeführten Maßnahmen, die nicht geleistete Arbeit und das nicht entgegengebrachte Vertrauen gibt es naturgemäß nichts zu berichten. Zum Vergleich sei der Satz (15) ohne die Partizipialattribute formuliert:

(15') *Unsere Maßnahmen werden uns diesen Zielen näher bringen. Für das Vertrauen und Ihre Unterstützung bedanken wir uns.*

Bürokratische Floskeln gibt es *en masse*; beliebt in Geschäftsberichten sind beispielsweise die folgenden: *unter Absehung von, unter Einbeziehung, vor dem Hintergrund, die Erbringung von Dienstleistung, die Schaffung von Arbeitsplätzen* und viele andere mehr. Auch harmlose Wörtchen wie *infolge* oder *insbesondere* haben bürokratisierende Wirkung auf den Stil, wenn man sie gehäuft verwendet. Wie leicht sich ein Satz „entfloskeln" lässt, zeigt auch folgendes Beispiel:

(16) *Als Folge kam es zu starken Preissenkungen.*

(16') *Dies führte zu starken Preissenkungen.*

5.1.7 Genitivketten

Abschließend seien noch die Genitivketten erwähnt:

(17) *Infolge **der Umstellung der Bilanzierung** wird voraussichtlich ein deutlich geringeres Ergebnis nach Steuern auszuweisen sein.*

Zwei oder mehr Genitive hintereinander stellen immer eine stilistische Härte dar. In diesem Fall lässt sich die Genitivkette dadurch vermeiden, dass man eine andere Präposition wählt:

(17') *Die Umstellung der Bilanzierung lässt das Ergebnis nach Steuern voraussichtlich deutlich geringer ausfallen.*

Oft ist das Problem der Genitivketten unmittelbar mit dem Problem der Substantivierung verquickt. Der folgende Satz enthält zwei Genitivketten mit insgesamt fünf Genitiven. Wenn man die Substantivierungen auflöst, löst sich zugleich das Problem der Genitivketten fast von selbst mit auf.

(18) *Eine Erhöhung **des Risikos terroristischer Anschläge** könnte eine erhebliche Steigerung **der Kosten des notwendigen Versicherungsschutzes der Luftfahrzeugflotte** bedeuten.*

(18') *Wenn sich das Risiko terroristischer Anschläge erhöht, so könnte dies bedeuten, dass die Kosten des notwendigen Versicherungsschutzes für die Luftfahrzeugflotte erheblich steigen.*

Damit sind wir am Ende unseres Überblicks über die typischen Merkmale des Bürokratendeutsch angelangt. Viele Unternehmen haben es mittlerweile geschafft, das Odium der Behörde völlig abzustreifen. Aber es gibt immer noch zahllose Geschäftsberichte, die sich lesen, als wären sie vom örtlichen Einwohnermeldeamt verfasst worden. Der anonyme Autor der folgenden Zeilen wäre sicher zu einer ähnlichen Erkenntnis gelangt, wenn er statt der Zeitungen des 18. Jahrhunderts die Geschäftsberichte des 21. Jahrhunderts hätte lesen müssen:

„Die weitschweifige, dunkele und ermüdende Schreibart [...] rühret ohne Zweifel daher, dass sich die Verfasser vornehmen, eine in Canzleyen übliche Schreibart zu beobachten."[32]

5.2 Narrativität

Bislang haben wir lediglich Stilmerkmale besprochen, die es zu meiden gilt. Aber die Abwesenheit des Hässlichen ergibt noch nicht das Schöne! Deshalb wollen wir uns nun den positiven Eigenschaften zuwenden, die es zu erstreben gilt. Wenn man es auf den Punkt bringen will, so kann man sagen: Ein Geschäftsbericht soll nicht nur gelesen werden müssen, er soll gelesen werden wollen, und dazu muss er narrativ geschrieben sein. Jeder Geschäftsbericht erzählt seinem Wesen nach eine Geschichte, nämlich die Geschichte des Unternehmens im abgelaufenen Geschäftsjahr. „Allerdings tut er dies nicht, indem er chronologisch ein Ereignis nach dem anderen berichtet, sondern indem er den Zeitraum des abgelaufenen Geschäftsjahres aus verschiedenen Blickwinkeln betrachtet."[33]

---

[32] Aus einem anonymen Zeitungslexikon „Wohlmeinender Unterricht", Leipzig 1755, zit. nach Polenz 1994: 373.
[33] Peters 2004: 67.

Wie kommt es eigentlich, dass kleine Kinder Geschichten viel früher verstehen als – sagen wir – Logik? Keine Mutter (und kein Vater) käme je auf die Idee, einem drei- oder vierjährigen Kind erklären zu wollen, dass es sich bei der ersten der beiden folgenden Ableitungen um einen Fehlschluss handelt, während die zweite einen gültigen Schluss darstellt.

> *Alle Hippies haben lange Haare. Fritz hat lange Haare. Also ist Fritz ein Hippie.*

> *Alle Hippies haben lange Haare. Fritz hat keine langen Haare. Also ist Fritz kein Hippie.*

Das ist Logik der allereinfachsten Art. Aber jedem ist klar, dass man das einem Vierjährigen noch nicht beibringen kann. Keine Mutter aber zweifelt daran, dass es möglich ist, einem Kind dieses Alters die Geschichte vom Rotkäppchen verständlich zu machen, und dies, obwohl Rotkäppchen in seinem Aufbau ungleich komplexer und in seiner impliziten Argumentationslogik weitaus komplizierter ist als die beiden Ableitungen. Wieso eigentlich? Wir zweifeln nicht daran, dass unsere Cro-Magnons-Vorfahren vor 40.000 Jahren in Höhlen von Lascaux an ihren Lagerfeuern sich aufregende Geschichten zu erzählen wussten. Was berechtigt uns zu dieser Annahme? Offenbar haben wir ein sicheres Gefühl dafür, dass der *homo sapiens sapiens* ein *animal narrans* ist, ein Geschichten erzählendes Lebewesen. Michael Naumann vermutet, dass das Erzählen von Geschichten für unsere Vorfahren eine ähnliche soziale Funktion hatte wie die Fellpflege für die Primaten – mit einem entscheidenden Vorteil: Während man immer nur das Fell eines einzigen Gruppenmitglieds pflegen kann, erreicht der Geschichtenerzähler die gesamte Gruppe.[34] Archaische Kulturen sind immer auch Erzählgemeinschaften.[35]

Narrativität ist der Schlüssel zum Lesevergnügen – Menschen interessieren sich mehr für Menschen und Geschichten als für Sachen und Fakten. Und sie ist der Schlüssel zur Memorabilität.[36] Geschichten können wir uns besser einprägen und merken als Ansammlungen von Fakten. Daraus

---

[34] Naumann 2000: 283f.
[35] cf. Müller-Funke: 2002.
[36] Den Zusammenhang von Narrativität und Memorabilität erläutert Leurs 2005.

folgt: Wenn Sie wollen, dass die Adressaten Ihre Texte lesen und im Gedächtnis behalten, dann sollten Sie Geschichten erzählen. Leider sind Geschäftsberichtstexte oft das Gegenteil von Geschichten, nämlich vertextete Zahlen. Betrachten wir zum Beispiel die folgende Passage:

(19) *Der Inlandsverbrauch blieb in den meisten Ländern des östlichen Mitteleuropas stabil. Lediglich in Polen verringerte sich die Nachfrage um 20 % gegenüber dem Vorjahr. Der Gesamtumsatz unserer acht Werke erhöhte sich insgesamt um 6 %. Die Exporte der Region nahmen hierbei deutlich auf 0,3t ab. In Polen erreichte unser Absatz trotz rückläufigen Marktes die Vergleichswerte des Vorjahres. Am deutlichsten nahm die verkaufte Menge in Ungarn zu. In der Tschechischen Republik und in Bulgarien blieben die Absatzzahlen stabil.*

Wenn Sie jetzt versuchen, die Augen zu schließen und sich zu vergegenwärtigen, was Sie gerade gelesen haben, so werden Sie merken, wie schnell Sie an die Grenzen Ihrer Erinnerungsfähigkeit gelangen. Das liegt daran, dass der Text frei ist von narrativen Strukturen.

Was macht einen Text zu einer Geschichte? Geschichten haben eine Dramaturgie, einen Spannungsbogen; sie haben eine Einleitung, eine zentrale Aussage, möglicherweise ein Fazit oder eine Pointe. Die Fakten und Ereignisse stehen in einem begründenden Zusammenhang, sie folgen, wie Matias Martinez und Michael Scheffel feststellen, „nicht nur (chronologisch) aufeinander, sondern auch ... auseinander"[37]. Hinter jeder Darstellung des Absatzes, des Umsatzes und der Erträge steht eine Geschichte – oft sogar eine ausgesprochen spannende! In unserer Beispielpassage fehlt zum einen die innere Ordnung und zum anderen fehlen genau die Informationen, die die präsentierten Fakten zueinander in Beziehung setzen. Und noch etwas ist in der Vorlage von Nachteil: Der Leser kann überhaupt nicht erkennen, ob es sich bei den positiven Ergebnissen um zufällige Schicksalsschläge handelt oder um Verdienste des Unternehmens! Wer sich positiv darstellen will, der muss seine Meriten auch als solche zu erkennen geben.

---

[37] Martinez / Scheffel 2002: 109.

Ich will versuchen, diese Passage zu einer Geschichte zu transformieren. Um dies echt tun zu können, brauchte ich natürlich Informationen, über die ich nicht verfüge, weil sich der betreffende Geschäftsbericht darüber ausschweigt. Aber auf Tatsachentreue kommt es hier auch nicht an. Ich werde also eine Phantasiegeschichte erzählen und dazu annehmen, dass es sich bei dem Produkt, von dem in (19) die Rede ist, um Gummibärchen handelt.

(19') *Mit unseren Leistungen in der Region des östlichen Mitteleuropa können wir durchaus zufrieden sein.* Der Inlandsverbrauch blieb in den meisten Ländern dieser Region stabil. Lediglich in Polen war die Nachfrage um 20% geringer als im Jahr zuvor. *Das lag vor allem daran, dass Polen seine Maßnahmen zur Förderung des Absatzes von Weingummiprodukten drastisch einschränken musste, um seine Vorschriften denen der Europäischen Union anzugleichen. Wir haben daraufhin unsere Marketingaktivitäten intensiviert* und konnten so die Absatzmenge des Vorjahres selbst bei rückläufigem Markt halten. Auch in der Tschechischen Republik und in Bulgarien blieben die Absatzzahlen stabil. Erfreuliche Fortschritte haben wir in Ungarn erzielt: *Dort ist es uns gelungen, die Marktdurchdringung zu verbessern* und die verkaufte Menge um 11,4 % zu erhöhen. Der Gesamtumsatz unserer acht Werke in der Region erhöhte sich insgesamt um 6 %. Allerdings ist der Zuwachs nahezu ausschließlich den jeweiligen Inlandsmärkten zu verdanken. Die Exporte der Region, *die zuvor vornehmlich in die östlichen Anrainerstaaten Weißrussland und Ukraine gegangen waren*, nahmen hingegen deutlich ab, und zwar auf 0,3 t. *Dies ist vor allem auf die Tatsache zurückzuführen, dass wir dort nun ebenfalls mit Produktionsstandorten vertreten sind.*

Wenn Sie nach der Lektüre dieses Textes ebenfalls die Augen schließen, um sich zu vergegenwärtigen, was Sie gerade gelesen haben, so werden Sie feststellen, dass Ihre Erinnerungsleistung ungleich viel größer ist. Wodurch unterscheidet sich (19') von (19)? Erstens durch der Ordnung der dargebotenen Nachrichten. Die Ordnung der Vorlage sah wie folgt aus:

1. Verbrauch 2. Gesamtumsatz 3. Export 4. stabiler Absatz in Polen 5. steigender Absatz 6. stabiler Absatz anderswo.

Wir haben den Text in eine klare innere Ordnung gebracht:

1. Verbrauch 2. stabiler Absatz in Polen und anderswo 3. steigender Absatz 4. Gesamtumsatz 5. Export.

Zweitens haben wir den Text um verbindende (hier kursiv gesetzte) Erläuterungen ergänzt. Damit haben wir aus einem relativ ungeordneten Ergebnisprotokoll eine zusammenhängende, erläuternde Geschichte gemacht, die es dem Leser ermöglicht, nicht nur zur Kenntnis zu nehmen, was war, sondern auch zu verstehen, wie es dazu kam. Damit kann der Leser die Leistungen des Unternehmens auch einschätzen. Drittens haben wir die zentrale Botschaft, die in der Vorlage nur implizit enthalten ist, explizit als vorweggenommenes Fazit formuliert: Mit unseren Leistungen sind wir zufrieden.

Wenn man einen Text in eine ansprechende dramaturgisch Form bringen will, so ist es sinnvoll, sich zunächst einmal abstrakt zu vergegenwärtigen, welche narrativen Ordnungsprinzipien für Geschäftsberichtstexte überhaupt in Frage kommen. Drei Formen sind es, die sich anbieten:

1. Vom Allgemeinen zum Besonderen

Diese Form bietet sich beispielsweise an, wenn es darum geht, die konjunkturelle Lage darzustellen: Weltkonjunktur – die Lage auf den einzelnen Kontinenten – die Lage in Europa und in Deutschland – die Branchenkonjunktur – Situation des Unternehmens in seinem konjunkturellen Umfeld. So oder so ähnlich sind sinnvollerweise die Einleitungskapitel der meisten Lageberichte aufgebaut. Eine solche Ablaufstruktur ist naturgemäß nicht geeignet, besondere Spannung zu erzeugen – aber immerhin schafft sie eine Ordnung.

2. Der historische Ablauf

Auch Texte dieser Form sind im Normalfall spannungsfrei – es sei denn, die Historie selbst enthält spannende Züge. Aber auch diese Form hat ihre Berechtigung, wo Entwicklungslinien relevant sind. Häufig findet man sie im Kapitel über die Aktie. Allerdings wird, wie wir zu Beginn dieses Kapitels bereits festgestellt haben, aus einer Ereigniskette erst dann eine Geschichte, wenn die Ereignisse in einen begründenden Zusammenhang gestellt werden.

3. Das Highlight und seine Herleitung

Diese Form ist die eigentlich empfehlenswerte – wenngleich auch sie selbstverständlich nicht immer geeignet ist. Geeignet ist sie, weil sie es erlaubt, ein Moment der Spannung zu erzeugen. Generell lässt sich feststellen: Die meisten Darstellungen leiden darunter, dass keine Akzente gesetzt werden. Alles wird so dargestellt, als sei alles gleich wichtig. Damit aber wird alles gleich langweilig. Spannung lebt von Kontrasten, von Information auf der einen Seite und Informationsdefiziten auf der anderen Seite, die nach Sättigung verlangen. Ich will am Beispiel eines Aktienkapitels zeigen, wie man eine solche Darstellung dramaturgisch ansprechend gestalten kann. Zunächst das (leicht verfremdete) Original:

(20) *Die Meier-Aktie*

Die Entwicklung der Aktienbörsen verlief in den ersten Monaten des Jahres zunächst relativ flach. Ab dem 2. Quartal führte die weiter nachlassende Konjunktur jedoch zu kontinuierlichen Kursrückgängen.

Speziell Aktien von Unternehmen der Industriezweige Telekommunikation, Medien und Technologie (TMT) trieben den DAX im Jahresverlauf immer weiter ins Minus. Die tragischen Ereignisse des 11. September sorgten anschließend für einen extremen Kurseinbruch auf breiter Front.

Trotz leichter Erholungstendenzen beendete der DAX das Jahr mit -19,8 % erneut deutlich unter dem Vorjahr. Anders als im Jahr 2000 konnte der M-DAX sich dieser Entwicklung insge-

samt nicht entziehen. Er schloss mit -7,5 % ebenfalls klar im Minus.

Für die Meier-Aktie war 2001 hingegen wiederum ein sehr erfolgreiches Jahr. Nach etwas verhaltenem Start stieg der Kurs am 13. Juli bis zu einem neuen Allzeithoch auf 290,24 € (Tagesschlusskurs). Diese Entwicklung beruhte maßgeblich auf der hervorragenden Umsatz- und Ergebnisentwicklung unseres Unternehmens. Darüber hinaus war auch insgesamt eine Tendenz zu Aktien aus stärker konjunkturunabhängigen Industriezweigen zu beobachten.

Die Meier-Aktie entwickelte sich trotz der Folgen des 11. September und der Kurserholungen der genannten TMT-Werte zum Jahresende – wie schon im Vorjahr – deutlich besser als der DAX, der M-DAX sowie die meisten Wettbewerber. Der Kurs lag zum Jahresende mit +19 % zum Vorjahr bei 211,0 €. Dies entspricht einer Marktkapitalisierung von 4,3 Mrd €. Der Dividendenvorschlag von 1,30 € für 2001 beinhaltet zum wiederholten Male eine erhebliche Steigerung der Dividende im Verhältnis zum Vorjahr, die das sehr erfreuliche Umsatzwachstum noch übertrifft. Wir beabsichtigen, die Ausschüttungsquote für die Dividende auch zukünftig weiter zu erhöhen.

Worin liegt die Schwäche dieses Textes? Sie liegt vor allem darin, dass der Text dem Muster Nr. 1 folgt und dadurch das Highlight – die hervorragende Performance der eigenen Aktie – unterbelichtet bleibt. Dadurch, dass der Autor vom Allgemeinen, der Börsenlage, zum Besonderen, der eigenen Performance, fortschreitet, verbreitet er erst einmal drei Absätze lang depressive Stimmung. Er ist im vierten Absatz meldet er, dass die Aktie seines Hauses „wiederum sehr erfolgreich" war. Dass die Aktie in einem nachgerade miserablen Börsenjahr ihr Allzeithoch erreichte, dieses Licht wird unter den Scheffel gestellt. In einem solchen Fall kann es nur eine Erzählstrategie geben: den Erfolg in den Mittelpunkt zu stellen und alles andere darum ranken zu lassen – entweder kontrastierend (alle anderen mussten Einbußen hinnehmen) oder erläuternd (was können wir, das andere nicht so gut können?). Ich will versuchen, den Text so umzuschreiben, dass er wirklich den Charakter einer Geschichte bekommt, ohne unangemessen werblich zu klingen.

(20') **Die Meier-Aktie**

Unsere Aktionäre haben allen Grund zur Freude! In einem Börsenjahr, das kaum schlechter hätte sein können, erreichte die Meier-Aktie im August 2001 mit einem Kurs von 290,24 € ihr Allzeithoch. Zum Jahresende lag der Kurs mit 211,0 € immer noch um 14,3 % über dem des Vorjahres.

Erinnern wir uns: Die Entwicklung der Aktienbörsen startete zwar zu Anfang des Berichtsjahres zunächst mit einem verhaltenen Anstieg, dann aber gingen die Kurse vom zweiten Quartal an kontinuierlich nach unten. Zu einem extremen Einbruch kam es dann infolge der Terroranschläge vom 11. September. Der DAX verlor schließlich gegenüber dem Vorjahr 19,8 %, und auch der M-DAX rutschte mit -7,5 % deutlich ins Minus.

Worin liegt das Geheimnis des Erfolgs unserer Aktie? Er hat vor allem zwei Gründe: Zum einen konzentrieren wir uns auf Produkte, die in hohem Maße konjunkturunabhängig sind. Das macht unsere Aktie robuster. Zum Zweiten konnte Meier eine hervorragende Umsatz - und Ergebnisentwicklung auf den Tisch legen. Und das machte unsere Aktie erfolgreicher.

Vorstand und Aufsichtsrat werden der Hauptversammlung vorschlagen, eine Dividende in Höhe von 1,30 € auszuschütten. Das bedeutet nicht nur eine erhebliche Steigerung gegenüber dem vergangenen Jahr, sondern auch eine deutliche Steigerung der Ausschüttungsquote. Es gehört zur erklärten Politik unseres Hauses, die Ausschüttungsquote kontinuierlich zu steigern. Dabei soll es auch in den kommenden Jahren bleiben.

5.3 Leitmotiv

Eine gute Methode, dem gesamten Geschäftsbericht einen inneren Zusammenhang zu geben, ist es, ihn unter ein **Motto** beziehungsweise unter ein **Leitmotiv** zu stellen. Dass ein Geschäftsbericht ein solches verbindendes Element benötigt, folgt aus dem im vorhergehenden Kapitel bereits erwähnten Aufbau eines Geschäftsberichts: „Er besteht zwar wie ein Roman aus verschiedenen Kapiteln, doch folgen diese meist nicht zeitlich aufeinander und bauen auch thematisch nicht unbedingt aufeinander auf. Vielmehr beziehen sie sich alle auf denselben Zeitraum (das abgelaufene Geschäftsjahr) und behandeln diesen unter verschiedenen Aspekten."[38] Deshalb bietet es sich an, den Gesamttext mithilfe eines Leitmotivs inhaltlich zusammenzubinden.

passion for sport steht beispielsweise auf dem Cover des Geschäftsberichts 2002 der adidas salomon AG. BMW wählte im selben Jahr das Motto *Stärken nutzen. Eigene Wege gehen*, die HVB Group transformierte den Bauhaus-Slogan *weniger ist mehr* zu *mehr durch weniger* und die Jenoptik AG bildete auf dem Cover ein Schild ab – wie es bisweilen an Ladentüren zu sehen ist – mit der Aufschrift *open*. Vier Unternehmen, vier Motti und – das will ich an diesen vier Beispielen deutlich machen – vier Möglichkeiten, damit umzugehen.

Wenn wir die vier Motti zunächst einmal für sich betrachten, so können wir Folgendes feststellen: Das adidas-salomon-Motto *passion for sport* setzt eine Tugend des Sportlers in Bezug zu einer (postulierten) Tugend des Unternehmens und kreiert damit eine semantische Offenheit: Leidenschaft für Sport – wer ist damit gemeint? Natürlich beide: das Unternehmen und der Kunde als Sportler. Diese semantische Offenheit wird im Verlauf des Berichts, wie wir gleich sehen werden, produktiv und konstruktiv genutzt. BMW hat mit *Stärken nutzen. Eigene Wege gehen* ein Motto gewählt, das nahezu jedes Unternehmen dieser Welt hätte wählen können. Wer würde nicht für sich beanspruchen, dass er seine Stärken nutzt und eigene Wege geht? Diese Sorte von Motto findet man auf den

---

[38] Peters 2004: 62.

Umschlagdeckeln von Geschäftsberichten sehr häufig. *Fortschritt und Kontinuität* ist ein anderes Beispiel für einen Slogan, mit dem ein Unternehmen die Grenzen seiner Phantasie offen legt. Die HVB-Group spielt mit dem Slogan *mehr durch weniger* explizit auf die Philosophie der Bauhausarchitektur eines Mies van der Rohe an und eröffnet damit einen ganzen Raum möglicher Assoziationen, die sich hervorragend eignen als Metaphern einer Unternehmensphilosophie: klare Linien, kompakte Strukturen, bedingungslose Funktionalität, kurzum: *form follows function*. Auch das Motto von Jenoptik beflügelt die Phantasie. *Open* an der Tür eines Ladengeschäfts, bedeutet zunächst einmal eine Einladung: Kommen Sie herein und schauen Sie sich an, was wir so alles haben. *Offen* als Motto eines Geschäftsberichts verweist zugleich auf eine (postulierte) Eigenschaft der Kommunikation des Unternehmens. Und wenn man diese beiden semantischen Sphären zusammen nimmt, so wird daraus eine Einladung zur Lektüre verbunden mit dem Versprechen, dass der Leser dem Inhalt der Broschüre vertrauen kann.

Ein **Leitmotiv** ist mehr als nur ein Motto! Eine Klammerfunktion bekommt ein Motto erst dann, wenn er wirklich leitmotivisch eingesetzt wird. Der Begriff des Leitmotivs stammt aus der Musik. Dort bezeichnet er ein musikalisches Motiv, das an inhaltlich verwandten Stellen einer Oper, einer Symphonie oder auch eines Films immer wieder angespielt wir, um den Hörer beziehungsweise Zuschauer durch das Kunstwerk zu leiten. Ein Geschäftsbericht ist, metaphorisch gesprochen, ein Gesamtkunstwerk, das im Idealfall den Inhalt, die Sprache sowie die grafische, typografische und designerische Gestaltung synergetisch in den Dienst der Botschaft des Unternehmens stellt. In diesem Sinne hat die adidas salomon AG ihr Motto sehr gut genutzt. Das Motiv der Leidenschaft zieht sich wie ein roter Faden durch den Text. „Leidenschaft treibt unsere Sportler zu Höchstleistungen an. Und es ist Leidenschaft, die uns dazu bringt, Produkte zur Unterstützung dieser Sportler kontinuierlich zu entwickeln und zu optimieren" (S. 2). Eigenschaften, die den erfolgreichen Sportler auszeichnen – Begeisterung, Teamarbeit, Einsatzfreude, Stärke – werden geschickt zu Eigenschaften des Unternehmens umgedeutet.

Auch das Motto von BMW *Stärke nutzen. Eigene Wege gehen* ließe sich ohne weiteres sowohl auf das Unternehmen als auch auf die Kunden des Unternehmens beziehen: Die BMW AG nutzt ihre Stärke und geht eigene Wege, ebenso wie der BMW-Fahrer die Stärke seines Automobils nutzt und eigene Wege geht. Darüber hinaus könnte man diese Merkmale auch auf die Automobile selbst beziehen, auch sie nutzen Stärke und gehen neue Wege. Die Autoren des BMW-Berichts haben jedoch das Potenzial ihres Mottos verschenkt. Stattdessen stellen sie den zweiten Teil des Geschäftsberichts unter ein weiteres Motto, das mit dem ersten nicht in Verbindung steht beziehungsweise gebracht wird. Es lautet: *Weiter sein.*

Der HVB Group ist es ansatzweise gelungen, das Bauhausmotiv als Metapher für die neue Unternehmenspolitik einzusetzen. Das Motto *mehr durch weniger* wird im Brief an die Aktionäre aufgegriffen, erläutert und mit Leben gefüllt: „Mehr Effizienz durch weniger Komplexität [...] mit weniger Marktpräsenz mehr Marktdurchdringung" (S. 16). Dann aber, im weiteren Verlauf des Berichts, wird von der Bauhausphilosophie kein Gebrauch mehr gemacht und damit eine Chance vertan, dem Bericht ein höheres Maß an Geschlossenheit zu verleihen.

Gut geht die Jenoptik AG mit ihrem Motiv der Offenheit um. Im ersten Teil des Textes wird es zu einem Dreiklang erweitert: „Besonders, beweglich, offen. Das ist Jenoptik. Auch in seinen Geschäftsberichten." (Umschlaginnenseite) Und vielleicht spekulierten die Autoren darauf, dass der Leser „besonders, beweglich" stillschweigend als „besonders beweglich" liest. Das Motto *open*, das man ja auch als Imperativ lesen kann – öffne! –, wird zusätzlich durch aufklappbare Bilder unterstützt, die man öffnen muss, um sie anzuschauen. Der Brief an die Aktionäre ist besonders gut geeignet, den Geist und die Philosophie eines Unternehmens darzustellen und zu verkörpern. Deshalb liegt es nahe, gerade in diesem Textteil eines Geschäftsberichts, der zudem normalerweise ganz am Anfang steht, das Motto leitmotivisch aufzugreifen und „anzuspielen". Darauf hat der Autor des Aktionärsbriefs der Jenoptik AG jedoch verzichtet. Aber dennoch hat man auch beim Aktionärsbrief das Motiv des Öffnens nicht ganz vergessen; der Brief steckt lose in einem Briefkuvert, das man öffnen muss, um ihn zu entnehmen: „offen wie dieses Unternehmen: das Kuvert mit dem diesjährigen Brief des Vorstandes an unsere Aktionäre".

Zusammenfassend können wir festhalten: Ein Motto birgt das Potenzial, zu metaphorischer Entfaltung. Damit kann der Autor seinem Bericht inneren Zusammenhalt verleihen. Dies funktioniert aber nur, wenn drei Bedingungen erfüllt sind:

1. Das Motto darf kein Allerweltsklischee sein. Es muss zu metaphorischen Übertragungen einladen und zugleich auf das betreffende Unternehmen beziehungsweise auf dessen Unternehmenspolitik zugeschnitten sein.
2. Das Motto muss leitmotivisch eingesetzt werden. Es muss eine Funktion haben in der Dramaturgie des „Gesamtkunstwerks".
3. Überlegungen zum Motto müssen am Anfang des Entwurfsprozesses stehen. Nur dann kann der Text einschließlich des Aktionärsbriefs davon leitmotivischen Gebrauch machen.

Die gängige Praxis scheint eine andere zu sein: Wenn alle Texte geschrieben sind, wird eine Agentur beauftragt, als kulinarisches Dekor einen Slogan für die Titelseite zu erfinden. Diesem kommt dann notgedrungen die Rolle zu, die das berühmte Tomatenachtel mit Petersiliensträußchen auf dem Tellerrand beim Jägerschnitzel spielt: die einer funktionslosen, dekorativen Dreingabe.

5.4 Humor

Guter Stil entsteht nicht allein durch Abwesenheit von Schwächen, sondern auch durch besondere positive Leseanreize. Da das Überraschende nicht zu prognostizieren ist, haben wir unsere Checkliste um die allgemeine Frage „Gibt es besondere Leseanreize?" ergänzt. Worin könnten diese bestehen? Ein ebenso wirkungsvolles wie auch heikles Mittel ist die Ironie beziehungsweise der Humor. Die allermeisten Unternehmen verzichten völlig auf dieses Stilmittel – und damit sind sie auf der sicheren Seite. Denn nichts ist so peinlich wie gezwungener oder missglückter Humor. Umso wirkungsvoller sind aber die Geschäftsberichte, die sich trauen und es gut machen. Auch hier ist der Geschäftsbericht 2002 der Jenoptik AG lobend zu erwähnen. Überschriften wie „Schlechte Zeiten, gute Zeiten" oder „Wer wird Visionär?", die an die TV-Sendungen „Gute Zeiten, schlechte Zeiten" und „Wer wird Millionär?" anspielen sind ebenso pfiffig wie die Überschrift „Schaffe, schaffe, Häusle baue", die an den dominanten Charakterzug des Stammes erinnert, dem der frühere Vorstandsvorsitzende des Unternehmens ebenso demonstrativ wie unüberhörbar angehört.

Anstelle einer Zusammenfassung will ich auch dieses Kapitel mit einer Checkliste abschließen.

Checkliste

✓ Werden die typischen Merkmale des Bürokratendeutsch gemieden?

– Substantivhäufung

– Funktionsverbgefüge

– Passivhäufung

– Partizipialattribute

– Bürokratenfloskeln

– Genitivketten

✓ Ist der Text in einem narrativen Stil verfasst?

– Ist eine Textdramaturgie, ein Spannungsbogen, erkennbar?

– Wird eine unpersönlich-protokollhafte Diktion vermieden?

– Steht der Text unter einem Motto oder Leitmotiv?

✓ Gibt es besondere Leseanreize?

6. Aktionärsbrief

Bevor wir uns dem Aktionärsbrief zuwenden, will ich eine Geste der Höflichkeit ansprechen, die durchaus auch im Interesse des Unternehmens liegt: die Vorstellung des Unternehmens. Die Aufgabe eines Geschäftsberichts besteht unter anderem darin, den fremden Leser mit dem Unternehmen vertraut zu machen. Dazu muss der Autor den Leser gleichsam bei der Hand nehmen und ihn durch die Welt des Unternehmens führen. Eine Führung durch ein Unternehmen beginnt immer mit einer allgemeinen Vorstellung. So sollte es auch in einem Geschäftsbericht sein. Sich vorzustellen ist nicht nur ein ritueller Akt der Höflichkeit, sondern für ein Unternehmen unbedingt erforderlich! So manch ein Unternehmen scheint anzunehmen: Das haben wir nicht nötig, uns kennt doch jeder. Erstens kann man sich da täuschen, und zweitens weiß auch bei sehr bekannten Unternehmen nicht jeder, was sich alles hinter dem Unternehmensnamen verbirgt. Nicht jeder, der die Schuhgeschäfte nebst Lurchie von Salamander kennt, muss wissen, dass dieses Unternehmen auch Fensterrahmen produzierte. Es ist für den Leser ausgesprochen ärgerlich, einen Geschäftsbericht bis Seite 35 lesen zu müssen, ehe er herausfindet, womit das Unternehmen sein Geld verdient. Deshalb ist unsere Empfehlung: Vor den eigentlichen Textteil – noch vor den Brief an die Aktionäre – gehört eine kurze Vorstellung des Unternehmens. Ob diese in Form eines Diagramms, in Stichworten oder in einem Fließtext vorgenommen wird, ist im Prinzip unerheblich. Das wird auch unter anderem von der Komplexität des Unternehmens abhängen. Einige Unternehmen (beziehungsweise deren Agenturen) glauben, die Vorstellung in Form von werblichen Phrasen gestalten zu müssen. Das hat bisweilen den Effekt, dass der Leser erfährt, wie „toll" das Unternehmen ist, aber nicht, was es produziert! Welche Form auch immer Sie wählen: Die Vorstellung sollte knapp und aussagekräftig sein. Sie sollte den Leser über den Unternehmenszweck unzweideutig informieren. Kommen wir nun zu dem zentralen Thema dieses Kapitels, dem Brief an die Aktionäre.

Ich habe mich entschlossen, diesem Thema ein gesondertes Kapitel zu widmen. Wodurch ist das gerechtfertigt?

Zunächst einmal ist der Brief an die Aktionäre natürlich ein Text des Geschäftsberichts wie jeder andere auch, mit allen Möglichkeiten sprachlicher Stärken und Schwächen, die sich alle im Rahmen der anderen Kapitel abhandeln lassen. Aber zugleich hat dieser Text ganz besondere Funktionen, die ihn unterscheiden von allen anderen Textteilen. Das Wichtige dabei ist: Diese besonderen Funktionen sind es, die ihm eine besondere sprachliche Gestaltung auferlegen. Welches sind die Alleinstellungsmerkmale des Briefs an die Aktionäre?

1. Der Brief ist der erste längere Text des Geschäftsberichts; er hat also eine Eröffnungsfunktion.

2. Er ist (normalerweise) von der ranghöchsten Persönlichkeit des Unternehmens verfasst beziehungsweise unterzeichnet und hat somit eine Repräsentationsfunktion.

In der einschlägigen Literatur ist vielfach zu lesen, dass der Brief an die Aktionäre der wichtigste Text des gesamten Geschäftsberichts sei.[39] Eine Begründung für diese Aussage oder einen Hinweis, unter welchem Aspekt der Brief so „wichtig" sei, ist allerdings nicht zu finden. Martina Gohr legte im Jahr 2002 eine Leserbefragung vor (76 % Aktionäre, 16 % Mitarbeiter, 8 % sonstige Leser), in der sie eruierte, welches Gewicht die Leser dem Brief an die Aktionäre beimessen. Sowohl im Hinblick auf die Informationserwartung als auch auf das Lesevergnügen sowie das investierte Maß der Aufmerksamkeit nimmt der Brief an die Aktionäre bei den Lesern allenfalls eine Mittelstellung ein. Die Leser sind allgemein der Ansicht, dass der Brief „eh nur" eine Zusammenfassung des Lageberichts sei und deshalb keine besondere Aufmerksamkeit verdiene[40], eine

---

[39] Siehe etwa Stegmann 1987: 44 und Gazdar, Kirchhoff 1999: 14.
[40] Gohr 2002: 31.

Einschätzung, die von der Realität nicht sehr weit entfernt sein dürfte. Damit sind wir bereits bei unserer ersten Lehre:

> Jeder Vorstandsvorsitzende, der eine Zusammenfassung des Lageberichts in Briefform unterzeichnet und mit seinem Konterfei versieht, macht unmissverständlich deutlich, wo er seine Kompetenzen sieht: im Zusammenfassen von Lageberichten!

Tückisch ist die in einigen Unternehmen anzutreffende These, der Brief an die Aktionäre sei nicht so wichtig, da ihn ohnehin keiner lese! Es könnte sein, dass er zu wenig Aufmerksamkeit bei den Lesern erfährt, weil der Autor ihn nicht wichtig genug nahm. Man muss sich über eines im Klaren sein: Der Brief an die Aktionäre hat für das Unternehmen und dessen Vorstandsvorsitzenden in jedem Falle einen herausragenden Effekt – und zwar auch dann, wenn er so geschrieben ist, dass ihn keiner liest! Ein schlechter Brief hat den Effekt, die Reputation des Unternehmens und seines Vorstandsvorsitzenden zu beschädigen! Wenn Kritiker einem Brief mangelnde Authentizität zuschreiben[41], so muss man sich fragen: Woher wissen sie, dass ein dürftiger Brief nicht authentisch ist? Kann nicht auch die phantasielose Zusammenfassung des Lageberichts das authentische Bild der Person sein, die ein solcher Brief repräsentiert? Warum soll Phantasielosigkeit nicht authentisch sein? Ein Text zeigt – wir haben es schon häufig betont –, „wes Geistes Kind" der Autor ist. Und das gilt in ganz besonderer Weise für den Brief an die Aktionäre, denn nur hier ist der Autor namentlich bekannt. Der Leser ist nicht in der – für den Autor eventuell schonenden – Lage, aus der Kenntnis der Person schließen zu können, dass der schlechte Text der Person nicht gerecht wird. Er kann im Allgemeinen nur von dem ihm vorliegenden Text auf die Person schließen, die vorgibt, der Verfasser zu sein: Ein phantasieloser Text ist der adäquate Ausdruck eines phantasielosen Menschen (dem darüber hinaus noch die Gabe der Verstellung fehlt). Jeder Vorstandsvorsitzende, der sich dies bewusst macht, wird zu dem Schluss kommen, dass es ein lohnendes Geschäft ist, dem von ihm unterzeichneten Text

---

[41] S. Piwinger, Ebert 2001.

das Maß an Aufmerksamkeit zu widmen, das seiner eigenen Rolle im Unternehmen seiner Einschätzung nach entspricht.

6.1 Die Eröffnungsfunktion

Aus den beiden oben explizierten Alleinstellungsmerkmalen lassen sich Forderungen an den Brief ableiten. Beginnen wir mit dem ersten Merkmal, der Eröffnungsfunktion. Jeder Romanschriftsteller weiß: Der erste Satz ist der wichtigste. Mit ihm kann sich entscheiden, ob der Leser die Lektüre fortsetzt, oder ob er das Buch ungelesen beiseite legt. Nun erhebt der Geschäftsbericht nicht den Anspruch, ein erbauliches sprachliches Kunstwerk zu sein, sodass die Funktion des ersten Satzes nicht ganz so gewichtig sein dürfte wie in einem Roman. Aber gleichwohl gilt: Der erste Text des Geschäftsberichts hat einen entscheidenden Einfluss darauf, ob der Leser neugierig wird auf das Unternehmen und damit auf die Lektüre oder ob er die Broschüre gelangweilt wieder zur Seite legt. Es ist aufschlussreich, sich einmal Anfänge von Romanen und Geschichten anzuschauen und diese mit ersten Sätzen von Briefen an die Aktionäre zu vergleichen.

(1) *Robert Cohn war in Princeton Mittelgewichtsmeister im Boxen gewesen. (Ernest Hemingway: Fiesta)*

(2) *Der Major war in den Gutshof hereingeritten, und Hilarie, seine Nichte, stand schon, um ihn zu empfangen, außen auf der Treppe, die zum Schloss führte. (Johann Wolfgang von Goethe: Der Mann von fünfzig Jahren)*

(3) *Sehr geehrte Aktionärin, sehr geehrter Aktionär, der XY-Konzern kann auf ein ausgezeichnetes Jahr 2000 zurückblicken. Die Auslieferung an Kunden wurde mit ... um 3,9 % gesteigert.*

(4) *Sehr geehrte Aktionäre, das Geschäftsjahr 2000 war das bislang erfolgreichste Ihrer XY. Mit einem Gewinn vor Steuern ...*

Die Textauswahl ist selbstverständlich nicht repräsentativ; für beide Genres hätte ich bessere oder schlechtere Beispiele auswählen können. Aber sie ist in einer Hinsicht prototypisch: Die ersten Sätze von Geschichten und Romanen eröffnen einen Horizont! Die meisten der ersten Sätze von Briefen an die Aktionäre hingegen würden ebenso gut als abschließendes Fazit taugen. Sie sättigen, anstatt Appetit zu machen. Der sättigende Charakter der ersten Sätze kommt vermutlich dadurch zustande, dass viele der Autoren nach der Maxime verfahren: Das Wichtigste zuerst, und zwar ohne Umschweife. Bei einem Protokoll mag dies die richtige Strategie sein; für einen rhetorisch und dramaturgisch anspruchsvollen Text ist sie eine Katastrophe. Denn Spannung ist immer das Ergebnis unzureichenden Wissens! Wer Spannung erzeugen will, muss „anfüttern", nicht aber sättigen. Gekonnt macht dies beispielsweise Roberto Goizueta, der frühere CEO (*Chief Executive Officer*) der Coca-Cola Company, in seinem Bericht des Jahres 1995. Ich will die gesamte Eingangspassage dieses Briefes zitieren, denn sie zeigt auf mustergültige Weise, wie eine Textpassage den beiden genannten Alleinstellungsmerkmalen – die „Öffnende" zu sein und aus der Feder der ranghöchsten Persönlichkeit zu stammen – gerecht werden kann:

(5) *Dear fellow share owners:*

The other day, after I spoke to a group of engineering students at my alma mater, one of them asked me a simple question: "Which area of the world offers The Coca Cola Company its greatest growth potential?"

Without hesitation, I replied. "Southern California."

They all laughed, thinking I was trying to be funny.

So to drive home the point, I shared with them one very interesting fact. The per capita consumption of bottles and cans of Coca Cola is actually lower in the southern part of California than it is in Hungary, a country which is one of our supposedly "emerging" markets, while the U.S. is supposedly a "matured" soft drink market.

The students went silent for several seconds. I'm sure, they had never before pondered our infinite opportunity for growth.

Diese Passage enthält drei hervorstechende Merkmale: Sie beginnt mit einer überraschenden Tatsache. Diese ist eingebettet in eine persönliche Anekdote, und diese wiederum kulminiert in der Botschaft der „*infinite opportunity of growth*", die sich im Laufe des Berichts als dessen zentrale Botschaft erweist. Dazu muss man wissen, dass „*infinity*" das Leitmotiv dieses Geschäftsberichts ist, das über den gesamten Text hinweg immer wieder an zentralen Stellen eingespielt wird.

Die Funktionen dieser drei Merkmale liegen auf der Hand: Der Überraschungseffekt macht den Leser neugierig; die Anekdotenhaftigkeit verleiht dem Text einen persönlichen und menschlichen Touch, und die Botschaft bringt die Unternehmensphilosophie – die im weiteren Verlauf des Briefes noch ausführlich erläutert wird – auf den Punkt. Damit bekommt eine zunächst in sympathischer Kolloquialität formulierte Anekdote einen ersten ernsthaft-seriösen Abschluss. Und auch dies ist ein probates Mittel, Spannung zu erzeugen: das Spiel mit dem Stil. Immer ernst ist ebenso dröge wie immer kolloquial. Spannung beim Leser entsteht nicht zuletzt durch Spannungen zwischen den Stilebenen. Es ist durchaus erhellend, sich hin und wieder amerikanische Briefe an die Aktionäre anzusehen – nicht um sie zu imitieren, sondern um sich von ihnen anregen zu lassen.

6.2 Die Repräsentationsfunktion

Kommen wir nun zum zweiten Alleinstellungsmerkmal des Briefes, der Tatsache, dass er von der ranghöchsten Person des Unternehmens verfasst oder wenigstens unterzeichnet ist. Dies sollte sowohl inhaltliche als auch sprachlich-stilistische Konsequenzen haben. Beginnen wir mit den inhaltlichen.

6.2.1 Inhaltsaspekte

Was erwartet der Leser aus der Feder des Vorstandsvorsitzenden zu lesen? Folgende Informationen – die Passage ist einem Brief entnommen – erwartet er beispielsweise nicht:

(6) *Der konsolidierte Auftragseingang wuchs gegenüber dem Vorjahr um knapp 14 % auf € 2.346,7 Mio. Der Auftragsbestand stieg zum Jahresende um rund 18 % auf € 1.381,4 Mio. Der konsolidierte Konzernumsatz lag mit € 2.082,1 Mio. vor allem währungsbedingt leicht unter dem Vorjahreswert von € 2.169,2 Mio.*

Der Leser erwartet aus der Feder des Vorstandsvorsitzenden Informationen, die seiner Funktion und dem Rang entsprechen. Der Vorstandsvorsitzende wird nicht dafür bezahlt, dass er detaillierte Auftrags- und Umsatzzahlen aus dem Lagebericht abschreibt. (Wenn solche Zahlen unbedingt in die Nähe des Briefes sollen, dann lassen sie sich auch in einem Kasten am Rand unterbringen.) Der Brief an die Aktionäre ist vielmehr der Ort, an dem der Vorstandsvorsitzende seine Visionen darlegen kann. Er ist der Ort, an dem er Vertrauen gewinnen kann, und zwar dadurch, dass er Kompetenz und Glaubwürdigkeit dokumentiert. Wie dokumentiert man Kompetenz? Indem man zeigt, dass man unternehmerische Visionen hat und in der Lage ist, diese *down to earth* zu bringen. Die Fähigkeit, Visionen in pragmatische Schritte der Umsetzung zu überführen, nennt man strategische Kompetenz, und eine solche wird von einem Vorstandsvorsitzenden erwartet. Außerdem ist der Brief an die Aktionäre der Ort, an dem der Vorstandsvorsitzende seine menschlichen Qualitäten dokumentieren kann, denn auch diese sind (gegebenenfalls) ein Beitrag zur Vertrauensbildung. Das heißt nicht, dass er autobiografisch über seinen Charakter berichten soll; es heißt vielmehr, dass dieser sich im Text zeigen muss. Tugenden lassen sich nicht mitteilen, sie müssen sich zeigen. Der Text muss die Person, die „hinter" ihm steht, verkörpern. In diesem Zusammenhang spielt der Umgang mit *bad news* eine große Rolle! Wer ausschließlich von Erfolgen berichtet, kann nicht glaubwürdig sein. Dass in einem Unternehmen während eines Geschäftsjahrs nichts schief gegangen ist, ist so unwahrscheinlich, dass eben dies einer besonderen Erläuterung bedürfte! Wer Misserfolge verschweigt, ist entweder unaufrichtig oder inkompetent. Der konstruktive, das heißt lösungsorientierte Umgang mit Misserfolgen hingegen dokumentiert Aufrichtigkeit und Kompetenz gleichermaßen.

6.2.1.1 Wahrnehmungsmanagement

Ich habe zusammen mit Studentinnen und Studenten der Heinrich-Heine-Universität Düsseldorf ein spielerisches Verfahren entwickelt, mit dem sich testen und beschreiben lässt, wie ein Brief an die Aktionäre auf die Leserschaft wirkt. Die Grundidee dabei ist folgende: Ein Brief verkörpert einen bestimmten Menschentypus. Er lässt Rückschlüsse darauf zu, was der Autor „für ein Typ" ist: nett, warmherzig, kalt, pragmatisch, etc. Dabei ist es unerheblich, ob der Brief tatsächlich von dem Unterzeichner verfasst wurde oder ob er aus der Feder eines Ghostwriters stammt. Denn uns interessiert nicht, wie der Autor „wirklich" ist; uns interessiert ausschließlich der Text und dessen Wirkung auf die Leser. Um diese einschätzen zu können, versuchen wir herauszufinden, welchen Eindruck vom (vermeintlichen) Autor der Brief beim Leser hinterlässt.

Natürlich ist die menschliche Vielfalt der möglichen Personen unüberschaubar groß. Dennoch ist es möglich, eine grobe Klassifizierung in Prototypen – die durchaus klischeehafter Natur sind – zu erstellen und zu fragen, welchen Typus von Mensch der jeweilige Brief verkörpert.

Bei unseren praktischen Analyseversuchen hat sich folgende Klassifikation als praktikabel und ausreichend erwiesen:

1. der konservativ-seriöse Typ

2. der jung-dynamisch-sportliche Typ

3. der trockene Beamtentyp

4. der glatte, berechnende Typ

5. der fürsorglich-väterliche Typ
6. der pragmatisch-technokratische Machertyp

Der Test läuft so ab, dass wir die Leser zunächst mit diesen sechs Typen vertraut machen und sie sodann bitten, einen bestimmten Brief zu lesen und sich dabei auszumalen, von welchem dieser Typen er geschrieben sein könnte. Dabei sind auch Antworten der Art „Typus 1 mit einer Tendenz zu Typ 3" zugelassen. Die Ergebnisse sind erstaunlich homogen. Im Normalfall sind sich die Leserinnen und Leser, die ihre Wahl individuell ohne vorherigen Meinungsaustausch treffen müssen, in hohem Maße einig, ob ein Brief beispielsweise vom Typ 5_1 (Typ 5 mit einer Tendenz zu Typ 1) oder vom Typ 6_4 „verfasst" wurde. Wie gesagt, es ist nicht das Ziel des Tests, der Person des wirklichen Vorstandsvorsitzenden oder des wirklichen Autors gerecht zu werden. Die Typen dienen ausschließlich dazu, den autorenbezogenen Eindruck, den ein Brief auf seine Leser macht, zu erfassen und zu charakterisieren. Nachdem man in einem ersten Schritt einen Brief einem Typus zugeordnet hat, kann man in einem zweiten Schritt versuchen zu eruieren, welche inhaltlichen und sprachlichen Eigenschaften es sind, die für den speziellen Lesereindruck verantwortlich sind. Auf diese Weise wird es möglich, ein gezieltes Wahrnehmungsmanagement zu betreiben.

Ich will drei Briefanfänge einschließlich der Typenzuordnung präsentieren, um einen Eindruck von diesem Spiel zu vermitteln. Der Leser möge prüfen, ob er sich der Beurteilung anschließen kann oder einen anderen Eindruck aus den Textpassagen gewinnt. Dabei ist es wichtig zu betonen, dass die Typenzuordnung *per se* noch nichts über die sprachliche Qualität des Briefes aussagt. Die Art und Weise, wie der Text auf den Leser wirkt, dürfte sowohl eine Funktion des Inhalts als auch eine des Sprachstils sein.

Das erste Beispiel wurde mehrheitlich dem Typ 5_1 zugeordnet; ein Minderheit wählte den Typ 1_5.

(7) *Sehr geehrte Aktionäre,*

vor knapp einem Jahr habe ich an dieser Stelle eine einfache Feststellung getroffen: Das Geschäftsjahr 2002 wird vor allem im Zeichen der Konsolidierung stehen. Ich schrieb von einem Jahr großer Unsicherheiten und zeigte mich dennoch zuversichtlich, dass meine Vorstandskollegen und ich ein allemal besseres Ergebnis als 2001 abliefern würden.

Dieses Ziel haben wir deutlich verfehlt. Für Sie, die Eigentümer der XY AG, war 2002 ein schlimmes Jahr. Ich habe während meiner 28-jährigen Zugehörigkeit zum Unternehmen noch nie erlebt, dass sich in einer derart kurzen Zeitspanne so viele gravierende Risiken gleichzeitig realisierten. Schlussendlich erwirtschafteten wir einen Verlust in Höhe von 1,2 Milliarden Euro. Die Börsenkapitalisierung betrug zum Jahresultimo nur noch 22 Milliarden Euro.

Dabei war die Ankündigung einer Konsolidierungsphase ernst gemeint, und wir hatten auch erste Erfolge: Kostensenkungen bei der YZ, operative Verbesserungen im Schaden- und Unfallversicherungsgeschäft, eine höhere Performance unseres Asset Management und Ausbau unseres Marktanteils in der privaten und betrieblichen Altersvorsorge. Aber wir kamen bei der Umsetzung leider nicht weit genug voran, um all die Nackenschläge zu verkraften, die 2002 auf uns niedergingen: Stillstand der Weltwirtschaft und ungebremster Abschwung an den Aktienmärkten führten zu empfindlichen Wertminderungen unserer Kapitalanlagen und beeinträchtigten weiter die Ertragssituation der Bank.

Die zweite Textprobe erhielt je etwa zur Hälfte die Zuordnung 3_1 beziehungsweise 1_3.

(8) *Sehr geehrte Aktionärinnen und Aktionäre,*

das Jahr 2002 hat die Entscheidungsträger der Wirtschaft und Politik in Deutschland vor große Herausforderungen gestellt.

Wahrnehmungsmanagement 157

Die prognostizierte Erholung der Wirtschaft ist in Deutschland, Europa und der Welt nicht eingetreten; gleichzeitig haben sich die Rahmenbedingungen verschlechtert und der Wettbewerb verschärft. Im Laufe des letzten Jahres haben wir uns daher entschlossen, die Ergebnisprognose frühzeitig dieser Entwicklung anzupassen. Durch das Engagement und die hervorragende Leistungsbereitschaft unserer Mitarbeiter war es uns möglich, diese Ergebnisprognose nach Jahren stetigen Wachstums auch in einem sehr schwierigen Marktumfeld zu erfüllen und damit das zweitbeste Ergebnis der Unternehmensgeschichte zu erwirtschaften. Ohne die aus Gründen der rezessiven Kapitalmarktentwicklung notwendigen Wertberichtigungen unseres Fondsvermögen hätten wir sogar wieder das Vorjahresergebnis erreicht. ...

Das dritte Beispiel wurde mehrheitlich der Typ 6_4 zugeordnet.

(9) *Meine sehr verehrten Damen und Herren,*

mein erster Brief an Sie als Vorstandssprecher der XY Group ist durch die Zeitumstände geprägt. Für das Bankwesen in Deutschland war 2002 das schlimmste Jahr der Nachkriegszeit. Auch außerhalb unseres eigenen Heimatmarkts verlief das Bankgeschäft deutlich schwächer als erwartet. Alles in allem waren wir gefordert wie nie zuvor in unserer Geschichte.

Gerne hätte ich Ihnen eine positive Botschaft übermittelt. Die Wahrheit ist aber: Wir haben unsere Geschäftsziele verfehlt und schlossen das Jahr 2002 erstmalig in unserer langen Geschichte mit einem Fehlbetrag von 858 Mio € ab. Auf Grund des operativen Verlusts und der Tatsache, dass wir die Rücklagen nicht dotieren konnten, müssen wir leider von der Zahlung einer Dividende Abstand nehmen. Ich bekenne ganz offen: Das Ergebnis des abgelaufenen Geschäftsjahrs und seine Folgen für Sie, unser Aktionäre, bedauere ich sehr. Dass es anderen deutschen Finanztiteln ähnlich erging, kann für uns kein Trost sein. ...

Es mag sein, dass der ausgewählte Textumfang nicht ausreicht, um zu einem sicheren Urteil zu gelangen. Aber er reicht aus, um das Verfahren zu exemplifizieren.

6.2.2 Sprachlich-stilistische Aspekte

Kommen wir nun zu den sprachlich-stilistischen Konsequenzen der Tatsache, dass der Brief von der ranghöchsten Person des Unternehmens verfasst beziehungsweise unterzeichnet ist. Weshalb beginnt ein Geschäftsbericht überhaupt typischerweise mit einem Text in Briefform? Denkbar wäre ja auch ein Vorwort, ein Editorial, ein Einleitungskapitel und einiges andere mehr. Ich denke, es kommt nicht von ungefähr, dass sich die Briefform mit der Zeit als die prototypische Form des Einleitungskapitels herausbildete. Welche Eigenschaften sind es, die einen Brief von einem normalen Artikel unterscheiden? Wenn wir uns diese Eigenschaften vergegenwärtigen, so können wir daraus zum einen ableiten, was die Briefform besonders geeignet erscheinen lässt, und zum anderen, welche Funktion dieser Form der Einleitung zugeschrieben wird. Es sind im Wesentlichen drei Eigenschaften:

1. Ein Brief hat einen identifizierbaren Autor, und er ist explizit adressiert. Einen Artikel schreibt man, einen Brief schreibt man *jemandem*.

2. Ein Brief ist eine latent dialogorientierte Textgattung. So gibt es die Institution des Briefwechsels, aber es gibt nicht in gleichem Sinne den Artikelwechsel.[42]

3. Ein Brief ist in seiner Stilhaltung dem mündlichen Sprachgebrauch näher als ein Artikel.

Wenn wir uns diese drei Eigenschaften eines prototypischen Briefes ansehen, so wird deutlich, weshalb sich Vorstandsvorsitzende vorzugsweise dieser Textgattung bedienen. Keine andere Textgattung macht es

---

[42] S. Gohr 2002: 119.

dem Autor formal so leicht, der Repräsentationsfunktion gerecht zu werden: Die Briefform erlaubt es ihm, sich selbst persönlich darzustellen und zugleich den Leser persönlich anzusprechen. Erinnern wir uns der Nutzenfaktoren in der Kosten-Nutzen-Analyse des Kommunizierens (S. 29f.): Artikel sind eher informations- und persuasionsorientiert. Nur der Brief erlaubt es, einen explizit image- und beziehungsorientierten Text zu verfassen im Dienst der Vertrauenspflege. Schauen wir uns die drei oben genannten Merkmale der „Briefhaftigkeit" eines Textes der Reihe nach an.

6.2.2.1 Autoren- und Adressatenbezug

Bereits optisch ist ein Brief als solcher zu erkennen, durch die Anredeformel und die abschließende Grußformel. Das gilt auch für den Brief an die Aktionäre. Der verbreitete Usus, Anrede und Grußformel in faksimilierter Handschrift zu setzen, ist ein ikonisches Zeichen für Individualität und Authentizität von Autoren- und Adressatenbezug.

Aber in der Realität hat die Sache einen gewaltigen Haken: Der Brief an die Aktionäre ist kein wirklicher Brief. Und der Unterzeichnende ist meist nicht der wirkliche Briefschreiber. Der Brief ist ein *fake*-Brief! Dieser Situation sind sehr viele Autoren offenbar nicht gewachsen. Ich vermute, dass der größte Teil der typischen Schwächen der Briefe an die Aktionäre damit zusammenhängt, dass sich die Autoren beim Verfassen solcher Texte nicht wirklich in die innere Haltung eines Briefschreibers versetzen (können). Das zeigt sich häufig schon daran, dass die *fake*-Briefe lediglich die eine Hälfte der äußeren Insignien eines Briefes enthalten. Sie beginnen zwar mit einer faksimiliert gedruckten Anredeformel (*Sehr geehrte Aktionäre* o. ä.), enden aber ohne die brieftypische abschließende Grußformel. Dabei hat es den Anschein, als hätten die Autoren in der Zwischenzeit vergessen, dass sie eigentlich einen Brief schreiben sollten. Der Brief ist ihnen unter der Hand zum Artikel geraten. Auch der Einsatz von Zwischenüberschriften und ein mehrspaltiger Satzspiegel sind geeignet, den Eindruck der Briefhaftigkeit zu stören und den

Text zu einem Artikel werden zu lassen. Zu einem prototypischen Brief gehört es auch, dass er von genau einer Person unterzeichnet ist und nicht von mehreren. Natürlich gibt es im Einzelnen gute und plausible Gründe, weshalb bei einem Unternehmen der Brief an die Aktionäre von mehreren Personen – beispielsweise vom gesamten Vorstand – unterzeichnet ist. Die Unternehmen, die diese Option wählen, sollten Folgendes bedenken: Dem einzelnen Leser fällt es schwerer, sich persönlich angesprochen zu fühlen, wenn er einen Brief von einem Gremium bekommt, als wenn ihm ein Individuum schreibt. Und was noch wichtiger ist: Einer Gruppe kann man nicht im gleichen Sinne vertrauen wie einem Individuum. Das hat folgenden Grund: Vertrauen entgegenbringen kann man einem Menschen oder einem System – etwa dem Rechtssystem der Bundesrepublik Deutschland oder dem Risikomanagementsystem eines bestimmten Unternehmens. Wenn ich einem Kollektiv vertrauen soll, muss ich erstens jedem einzelnen Individuum vertrauen und zweitens dem System der kollektiven Entscheidungsfindung und Entscheidungsdurchsetzung. Da dieses System aber nicht so formalisiert ist – wie etwa das Rechtssystem eines Rechtsstaats –, enthält es notwendigerweise Unwägbarkeiten, die einer Vertrauensvergabe prinzipiell entgegenstehen.

6.2.2.2 Der Dialogcharakter des Briefes

Natürlich ist jeder Brief für sich genommen ein Monolog. Aber er ist ein Monolog, der nach den Regeln unserer Schreibkultur die Tür für einen Dialog öffnet. Auf Briefe kann man antworten. Ich weiß zwar nicht, wie viele Vorstandsvorsitzende Antworten auf ihre Briefe an die Aktionäre bekommen, aber ungeachtet dieser Frage gehört es zum Sprachspiel des Briefe-Schreibens, dass sich der Autor eines dialogorientierten Stils befleißigt. Was heißt das? Das heißt, dass der Autor sich selbst und den Adressaten ins Spiel bringt, dass er (in dezentem Maß) von sich selbst redet und den Leser direkt anspricht. Also nicht: *Die XY-AG dankt ihren Aktionären für ihr Vertrauen*, sondern *Ich danke Ihnen für Ihr Vertrauen*! Ein Brief sollte so geschrieben sein, dass man als Leser den Menschen durch den Text „spüren" kann. (Auch dies spricht dagegen, den Brief von einem Kollektiv unterzeichnen zu lassen!) Das kann beispielsweise durch stilistische Eigentümlichkeiten des Autors bewirkt werden, die der Leser mit der Zeit zu identifizieren lernt. Aber auch durch eine dialogisierende Rhetorik: *Hätten Sie zu Beginn des Jahres gedacht, dass wir ... ? Erinnern Sie sich an meinen letzten Brief: Dort habe ich Ihnen versprochen, dass wir innerhalb von drei Jahren ...* Solchen dialogisierenden Mitteln ist anzusehen, dass sie in engem Zusammenhang stehen mit dem dritten Merkmal eines Briefes, der „Mündlichkeit".

6.2.2.3 Geschriebene Mündlichkeit

Die Wahl des Kommunikationsmediums – schriftlich oder mündlich – geht nicht unbedingt einher mit der Wahl der Stilhaltung.[43] So ist beispielsweise ein formaler mündlicher Vortrag zu einem wissenschaftlichen Thema in seiner Stilhaltung „schriftlicher" als ein Stammtischgespräch; und ein schriftlich realisierter Chat in einem Internetforum ist weitaus „mündlicher" als etwa ein Zeitungsartikel. Der typische Brief nimmt dabei eine mittlere Position ein: Er ist weniger „mündlich" als etwa eine E-Mail, aber auch weniger „schriftlich" als ein normaler Artikel.[44] Welches sind die typischen Merkmale eines mündlichen Stils? Es ist zum Ersten der völlige Verzicht auf sämtliche Merkmale des Bürokratendeutsch (s. S.122ff.), denn diese kommen ausschließlich in schriftlich verfassten Texten vor. Zum Zweiten ist der Verzicht auf allzu kunstvolle syntaktische Satzkonstruktionen zu nennen. In der schriftlich anmutenden Sprache machen wir mehr Gebrauch von syntaktisch unterordnenden (hypotaktischen) Satzgefügen; im mündlichen Sprachgebrauch dominieren syntaktisch nebenordnende (parataktische) Gefüge. Zum Dritten gehört zur mündlichen Stilhaltung ein (wohldosiertes) Maß an kolloquialer Wortwahl. Zum Vierten klingt der Gebrauch des Perfekts, wie wir im

---

[43] S. Gohr 2002: 121.
[44] Zu den Unterschieden von mündlicher und schriftlicher Sprache siehe Fiehler (et al.) 2004.

Tempus-Kapitel (S.81ff.) gesehen haben, mündlicher als der des Präteritum. Und zum Fünften eignen sich die so genannten Modalpartikeln hervorragend dazu, einen Stil der Mündlichkeit zu erzeugen. Denn diese kommen nahezu ausschließlich in unserem mündlichen Sprachgebrauch vor. Zu den Modalpartikeln gehören etwa *mal, doch, eben, ja, eigentlich* in Verwendungen wie *seien wir doch mal ehrlich,* oder *wie Sie ja wissen, wie war das eigentlich damals?* oder *es ist eben nicht einfach.* Die folgenden drei Versionen ein und derselben Aussage repräsentieren die bürokratische (10), die schriftlich-literarische (10') und die mündliche (10'') Stilhaltung.

(10) *Trotz äußerst gedämpfter Weltwirtschaftslage konnte eine Steigerung des Umsatzes erzielt werden.*

(10') *Obwohl die Weltwirtschaftslage äußerst gedämpft war, gelang es uns, den Umsatz zu steigern.*

(10'') *Die Weltwirtschaftslage war zwar, wie wir ja alle wissen, miserabel. Dennoch ist es uns gelungen, den Umsatz zu steigern.*

Vorsichtshalber sei dazu gesagt, dass man die Mittel des mündlichen Sprachgebrauchs nur in Maßen nutzen sollte. Dem einen oder anderen Autor fällt es leichter, eine briefadäquate Sprache zu finden, wenn er sich dabei vorstellt, einen Redetext zu formulieren.

6.3 Fazit

Zusammenfassend können wir festhalten:

1. Der Brief eröffnet den Geschäftsbericht; er sollte somit so geschrieben sein, dass er zum Weiterlesen anregt. Eine Zusammenfassung des Lageberichts leistet das Gegenteil.

2. Inhaltlich sollte der Brief der Rolle des Unterzeichners adäquat sein. Das heißt er sollte genau die Informationen enthalten, die der Leser vom Vorstandsvorsitzenden erwartet.

3. Im Ausdruck und im Stil sollte der Brief die Persönlichkeit des Unterzeichners adäquat verkörpern. Dabei sollten sich die Autoren der Tatsache bewusst sein, dass gegebenenfalls auch ein langweiliger und bürokratischer Text den Unterzeichner verkörpern kann.

4. Wenn man die Form eines Briefes wählt, sollte man darauf achten, dass auch die formalen und sprachlichen Eigenheiten des Briefstils eingehalten werden.

Die Checkliste soll auch hier dem Leser die Überprüfung seines Textes erleichtern.

Checkliste Aktionärsbrief

✓ Stellt sich das Unternehmen dem Leser vor?

✓ Enthält der Text ein Vorwort beziehungsweise einen Brief an die Aktionäre?

- Weckt das Vorwort / der Brief Interesse zum Weiterlesen?

- Entspricht die Botschaft des Vorworts/Briefes dem Rang des Unterzeichnenden?

- Ist der Brief persönlich formuliert?

- Ist der Brief im Briefstil verfasst?

Damit haben wir einen inhaltlichen Einschnitt dieses Buches erreicht. Während wir uns in den zurückliegenden sechs Kapiteln mit dem Handwerk ordnungsgemäßen Formulierens beschäftigten, wenden wir uns in den nächsten drei Kapiteln Fragen des Textaufbaus zu.

7. Textaufbau

In diesem Kapitel wollen wir den Textaufbau unter dem Gesichtspunkt der Ordnung und der argumentativen Klarheit unter die Lupe nehmen. Ein Autor, der Wert darauf legt, dass sein Text im Gedächtnis des Lesers haften bleibt, der muss für Klarheit sorgen. Klarheit im inhaltlichen Aufbau des Textes und in der Argumentation, Klarheit der Gedankenführung der einzelnen Passagen und jedes einzelnen Satzes. Im Bereich der Textlogik zeigt sich ganz besonders deutlich, „wes Geistes Kind" der Autor ist. Denn – ich habe bereits im ersten Teil dieses Buches darauf hingewiesen – der unklare Ausdruck eines Gedankens ist meist der Ausdruck eines unklaren Gedankens. Oft ist es nur ein einziges Wort, das die Argumentationslogik ins Wanken bringt, wie beispielsweise in dem folgenden Satz:

(1) *Die Zahl der Nutzer nahm im Berichtsjahr wieder um 1,6 Mio zu.*

Hatte sie auch im Jahr zuvor um 1,6 Mio zugenommen? Wenn man diese Interpretation ausschließen will, muss man die Mengenangabe aus dem Bereich des Adverbs *wieder* herausnehmen:

(1') *Die Zahl der Nutzer nahm auch im Berichtsjahr wieder zu, und zwar um 1,6 Mio.*

Die Klarheit der Gedankenführung kann in vielerlei Hinsicht getrübt sein. Sie kann ein ganzes Kapitel betreffen, eine einzelne Passage oder auch nur einen einzigen Satz. Sie umfasst die Ordnung der präsentierten Gedanken ebenso wie die Gültigkeit und die Plausibilität der vorgetragenen Argumente. Beginnen wir mit dem Kapitelaufbau.

7.1 Kapitelaufbau

In der Schule haben wir gelernt, dass ein Aufsatz eine Einleitung, einen Hauptteil und einen Schluss haben soll. Das ist ein ebenso einfaches wie wirkungsvolles Rezept, wie man einem Text ein Minimum an Ordnung und Textdramaturgie verleiht. Dabei ist es ratsam, einen Textabschnitt gedanklich vom Highlight her zu konzipieren: Was soll das Fazit beziehungsweise die Pointe dieses Abschnitts sein? Das muss nicht unbedingt etwas Weltbewegendes sein, aber es muss etwas sein, worauf die Darstellung hinstrebt, der perspektivische Fluchtpunkt der Botschaft. Betrachten wir ein Beispiel: In vielen Geschäftsberichten lesen wir kommentarlose Bemerkungen der Art: *Der Umsatz ist gegenüber dem Vorjahr um 14 % gestiegen.* Der Autor muss sich darüber im Klaren sein, dass ein außenstehender Leser mit einer solchen nackten Feststellung nicht sehr viel anfangen kann. Fakten werden erst dann zu relevanten Informationen, wenn sie eingebettet sind in einen narrativen Zusammenhang, der es dem Leser erlaubt, ihren Stellenwert angemessen zu beurteilen. Ein solcher Zusammenhang könnte beispielsweise wie folgt hergestellt werden: *Im Vorjahr haben wir uns dazu entschieden, die Vertriebswege neu zu ordnen. Im Berichtsjahr ist es uns gelungen, den Umsatz um 14 % zu steigern. Dies zeigt: Unsere Entscheidung war richtig, sie hat sich bewährt.* Die Feststellung *Gestern hat es geregnet* vermittelt in dem Kontext *wie in den vergangenen zwei Wochen auch* eine ganz andere Information als im Kontext *zum ersten Mal seit zwei Monaten.* Erst der Kontext verleiht dem Faktum Relevanz.

In den Lageberichten ist es üblich, dass die Darstellung der Konjunkturlage vom Allgemeinen zum Besonderen fortschreitet: erst die Weltmärkte, dann die Märkte der Industrienationen, dann die der Europäischen Gemeinschaft und schließlich der Markt in Deutschland. Dies ist ein Beispiel für ein vernünftiges Ordnungsprinzip. Man kann sich auch andere Prinzipien vorstellen: vom Besonderen zum Allgemeinen, von Norden nach Süden oder wie auch immer. Wichtig ist, dass der Leser eine Ordnung erkennt! (vgl. Kapitel 5.2. „Narrativität" (S.134ff.) Denn je wohlstrukturierter ein Text ist, desto besser bleibt er im Gedächtnis haften. (Das ist der Grund, weshalb man ein Reimgedicht besser auswendig lernen kann als ein gleich langes Stück Prosatext. Der Reim verleiht dem Text zusätzlich eine lautliche Ordnung.)

7.1.1 Redundanz

Eine Einheit ist redundant, wenn sie eigentlich zur Informationsübermittlung überflüssig ist. Was heißt hier „eigentlich"? Diese Einschränkung ist notwendig, weil Menschen offenbar höchst unvollkommene Rezipienten sind. Betrachten wir zwei Beispiele:

1. Wenn Sie einen Vortrag halten, so sollten Sie zuerst sagen, was Sie sagen wollen, dann sollten Sie es sagen, und zum Schluss sollten Sie zusammenfassen, was Sie gesagt haben. Dies ist – etwas karikierend formuliert – das Grundrezept eines guten Vortrags.

2. Der Plural der Nominalgruppe *der schöne Wald* lautet *die schönen Wälder*. In diesem Ausdruck wird die Information „Plural" sage und schreibe viermal angezeigt: durch den Artikel *die* (vs. *der*), durch die Adjektivendung *-en* (vs. *-e*), durch den Umlaut *ä* (vs. *a*) und durch die Substantivendung *-er* (vs. *ø*). (Im Englischen wird übrigens der Plural von *the nice wood* lediglich einmal markiert, und zwar durch die Substantivendung *-s*: *the nice woods*.)

In beiden Fällen haben wir es mit Redundanz zu tun, wenn auch auf unterschiedlichen Ebenen. Im ersten Fall handelt es sich um Textredundanz, im zweiten Fall um Systemredundanz innerhalb der deutschen Sprache. Und wenn wir diese beiden Fälle näher analysieren – was wir hier nicht tun werden – so sehen wir, dass die üblichen Definitionen von Redundanz als „eigentlich zur Informationsübermittlung überflüssig" von einem perfekten Sender-Rezipienten-System ausgehen. Menschen, die mithilfe natürlicher Sprachen miteinander kommunizieren, fallen offenbar nicht unter diese Kategorie. Was folgt daraus für uns? Wenn wir sagen, in einem Geschäftsbericht sollten Redundanzen vermieden werden, so meinen wir weder, dass die Redundanzen des Sprachsystems beseitigt werden sollten – das würde zu völlig ungrammatischen Zeichenverbindungen führen –, noch, dass auf eine vernünftige rhetorische Redundanz verzichtet werden soll. Offenbar gibt es so etwas wie vernünftige, nützliche Textredundanzen und störende Textredundanzen. Vermeiden sollte man die störenden, pflegen die vernünftigen. Ein rezipientenfreundlicher Text braucht ein gewisses Maß an Redundanzen in Form von Vorspannen, Zusammenfassungen, erläuternden Reformulierungen etc. – ein gesprochener Text in noch stärkerem Maß als ein geschriebener. Auch das Bestreben, die einzelnen Kapitel eines umfangreicheren Textes (etwa dieses Buches) so zu verfassen, dass sie relativ autonom, das heißt einzeln aus sich heraus verstehbar sind, zwingt zu einem gewissen Maß an Redundanz. Diese Formen der Redundanz sind erwünscht und werden im Allgemeinen nicht als störend empfunden. Mit der Kategorie ‚störende Redundanz' haben wir allerdings ein begriffliches Monstrum geschaffen, das sich jeder Definition entzieht. Aber mit etwas gutem Willen wissen wir, was damit gemeint ist. Ein in Geschäftsberichten häufig anzutreffender Fall ist beispielsweise folgender: Das Unternehmen X berichtet nahezu alles dreimal, weil es sich entschlossen hat, seinem Geschäftsbericht folgende Struktur zu geben: 1. Allgemeiner Überblick, 2. Geschäftsbereiche, 3. Regionen. Nehmen wir an, das Unternehmen X produziert Haarkosmetik in Japan, so berichtet es über das Geschäft mit Haarkosmetik im allgemeinen Teil, dann wieder im Geschäftsbereich Haarkosmetik und schließlich noch einmal im Bericht über die Aktivitäten in Japan. Nun kann man einwenden: Eine solche Gliederung ist ja nicht unsinnig; sie zieht aber, weil es sich dabei um eine so genannte Kreuzklassifikation handelt, notwendigerweise große Redundanzen nach sich. Es gibt nur zwei Lösungen: Entweder man vermeidet Kreuzklassifikationen, oder man arbeitet verstärkt mit Querverweisen. Letzteres ist ein Instrument, das in Geschäftsberichten nach unseren Beobachtungen viel zu selten angewandt wird (was vermutlich daran liegt, dass die einzelnen Texteile in verschiedenen, von einander unabhängigen Abteilungen verfasst werden). Querverweise erlauben es, einen wichtigen Berichtsteil nur einmal ausführlich abzuhandeln. Zahllose Texte ließen sich mit dieser Methode erheblich entrümpeln. Wir werden im Kapitel 7.3 darauf zurückkommen.

Eine besonders ärgerliche Form der Redundanz stellt sich dann ein, wenn der Autor offensichtlich nichts Substanzielles zu sagen hat und glaubt, dies wortreich ausdrücken zu müssen. Dann nämlich entstehen inhaltsfreie Passagen der folgenden Art:

(2) *Die Anforderungen an die Managementleistungen unserer Führungskräfte und die erforderliche Unterstützung durch den Personalbereich werden immer differenzierter. Im Rahmen unserer werteorientierten Personalpolitik haben wir eine Reihe von neuen Instrumenten etabliert und integriert. Sie tragen zu einer Stärkung der Führungsverantwortung bei, um den Herausforderungen des strukturellen Wandels wirksam begegnen zu können.*

Merkwürdigerweise sind solch inhaltsleere Passagen vor allem in Mitarbeiterkapiteln zu finden! Das sollte zu denken geben. In Abwandlung an Wittgenstein[45] ließe sich empfehlen: Wovon man nichts zu berichten hat, darüber muss man schweigen.

7.2 Argumentationslogik

Unsere Erfahrungen mit Geschäftsberichten haben uns gelehrt, dass im Wesentlichen drei Typen unklarer Argumentation vorkommen. Wir wollen sie den Harmlosen, den Peinlichen und den Komischen nennen. Beginnen wir mit dem Harmlosen. Er besteht darin, dass die Darstellung des Gedankengangs im Grunde genommen korrekt ist, aber so formuliert, dass der Leser „stolpert" oder gar aus intellektueller Bequemlichkeit den Interpretationsprozess abbricht, bevor sich Verständnis eingestellt hat. Betrachten wir dazu zwei Beispiele:

(3) *Staatliches Handeln ist nicht kostenlos zu haben. Es belastet Wirtschaft und Gesellschaft mit Steuern und Abgaben, insbeson-*

---

[45] „Wovon man nicht sprechen kann, darüber muss man schweigen." L. Wittgenstein, *Tractatus logicus-philosophicus*, Satz 7.

dere zu Lasten des Faktors Arbeit und seines Einsatzes im Produktionsprozess.

Es ist die Wendung *zu Lasten*, die den Leser stolpern lässt. Normalerweise wird dieser Ausdruck verwendet, um einen Kontrast zu einer Begünstigung zu beschreiben, etwa: *Dies begünstigt die großen Unternehmen zu Lasten der kleinen*; die Aussage „Dies belastet die Wirtschaft zu Lasten des Faktors Arbeit" ist nur mit Mühe zu interpretieren. Die einfachere Lösung ist in diesem Falle wie so oft auch die klarere:

(3') *Staatliches Handeln ist nicht kostenlos zu haben. Es belastet Wirtschaft und Gesellschaft mit Steuern und Abgaben und damit insbesondere den Faktor Arbeit und seinen Einsatz im Produktionsprozess.*

In unserem zweiten Beispiel erläutert ein Unternehmen dem Leser, wie zwei ehemalige Unternehmensbereiche zwei neuen Unternehmensbereichen zugeordnet wurden.

(4) *Mitte des Jahres wurde das Geschäft des Unternehmensbereichs Petrochemikalien und Anorganika sowie des Unternehmensbereichs Industriechemikalien den beiden neuen Unternehmensbereichen Petrochemikalien und Anorganika zugeordnet.*

Die Verwirrung entsteht dadurch, dass in diesem Satz der Ausdruck *Petrochemikalien und Anorganika* zunächst als Name eines Unternehmensbereichs und dann als zwei Namen zweier Unternehmensbereichs verwendet wird. Das heißt, der ehemalige Unternehmensbereich *Petrochemikalien und Anorganika* wurde getrennt und jeweils dem neuen Unternehmensbereich *Petrochemikalien* und dem Unternehmensbereich *Anorganika* zugeordnet. Der alte Unternehmensbereich *Industriechemikalien* wurde aufgelöst und (vermutlich – das geht aus der zitierten Passage nicht eindeutig hervor) dem neuen Unternehmensbereich *Petrochemikalien* zugeschlagen. An diesem Beispiel zeigt sich, wie wichtig es ist, dass sich der Autor in den Wissenstand des außenstehenden Lesers hineinversetzt. Denn auch eine inhaltlich korrekte Beschreibung kann für den Außenstehenden überaus verwirrend sein.

Kommen wir nun zu den peinlichen Fällen. Diese zeichnen sich dadurch aus, dass sie den Eindruck intellektueller Defizite aufkommen lassen. Betrachten wir auch hierzu zwei Beispiele:

(5) *Sowohl der MDAX als auch unsere Aktie hatten nach den Höchstständen im März im Jahresverlauf einen prozentual gleich großen Rückgang zu verzeichnen.*

Der Ausdruck *sowohl ... als auch* dient dazu, zwei Einheiten distributiv zu betrachten, das heißt nicht als Paket, sondern jede Einheit für sich. Dadurch wird eine Aussage der Art *Sowohl Peter als auch Paul sind gleich groß* unsinnig, denn sie besagt, dass jeder von beiden gleich groß ist. Was der Autor sagen wollte, lässt sich sehr einfach durch (5') oder (5") ausdrücken:

(5') *Der MDAX und unsere Aktie hatten nach den Höchstständen im März im Jahresverlauf einen prozentual gleich großen Rückgang zu verzeichnen.*

(5") *Unsere Aktie hatte im Verlauf des Jahres prozentual einen ebenso großen Rückgang zu verzeichnen wie der MDAX.*

Das zweite Beispiel ist einer Passage entnommen, in der der Autor zu erläutern versucht, wie die erfolgsabhängigen Anteile der Managementgehälter gestaltet sind:

(6) *Voraussetzung ist, dass sie* (die Manager (R. K.)) *zum Ablauf einer dreijährigen Sperrfrist zwei Erfolgsziele erreicht haben werden: Das absolute Erfolgsziel ist abhängig von der Kursentwicklung der Aktie über den Verlauf der Sperrfrist, das relative Erfolgsziel von der Performance der Aktie im Verhältnis zum Dow Jones Euro STOXX Total Return Index.*

In dieser Passage behauptet der Autor, die Ziele seien abhängig von Aktienkursen. Das würde heißen: Je nach Aktienkurs ein anderes Erfolgsziel. Das ist natürlich nicht der Fall. Vielmehr ist der Erfolgsfall abhängig von den Aktienkursen: Je nach Aktienkurs ist der Erfolg eingetreten oder nicht. Das lässt sich beispielsweise so ausdrücken:

(6') *Voraussetzung ist, dass sie zum Ablauf einer dreijährigen Sperrfrist zwei Erfolgsziele erreicht haben, ein absolutes und ein relatives: Das absolute Ziel ist definiert über die Entwicklung des Aktienkurses während der Sperrfrist, das relative Ziel betrifft die Performance der Aktie im Verhältnis zum Dow Jones Euro STOXX Total Return Index.*

All diese Formen gedanklicher Unbeholfenheit können den Effekt haben, dass sich der Leser – bewusst oder unbewusst – die Frage stellt: Kann ich mein Geld einem Unternehmen anvertrauen, das nicht einmal in der Lage ist, einen solch einfachen Gedanken angemessen zu formulieren?

Durch verquere Logik kann auch unfreiwillige Komik entstehen, womit wir bei dem letzten Typus sind. Unser erstes Beispiel, Satz (7), betrifft die Frauenförderung:

(7) *Der Anteil von qualifizierten Frauen in Führungspositionen von derzeit 8,2 Prozent wird angehoben.*

Mit diesem Satz gibt der Autor zu verstehen, dass bislang die restlichen 91,8 % der Frauen in Führungspositionen unqualifiziert sind. Dabei wollte er doch vermutlich den weiblichen Mitgliedern der Führungsriege etwas Gutes tun! Das betreffende Unternehmen will nicht den Anteil von qualifizierten Frauen erhöhen, sondern den Anteil von Frauen! Bisweilen findet man Sätze, die in ihrer logischen Skurrilität an Karl Valentins Sprachwitz erinnern; hier ist ein solcher:

(8) *Vom heutigen Standpunkt aus betrachtet wäre unser Unternehmen vor einem Jahr kaum wiederzuerkennen.*

Unser letztes Beispiel dieses Kapitels betrifft die Freiheit der Definition. Selbstverständlich ist es jedem Unternehmen anheim gestellt, das, was es „Segment Europa" nennt, nach eigenem Gutdünken zu definieren. Eine wundervolle Lösung wurde hier gefunden:

(9) *Das geographische Segment Europa umfasst die Mitgliedstaaten der Europäischen Union sowie alle anderen Länder des europäischen Kontinents, die Türkei, die Länder der Gemeinschaft Unabhängiger Staaten (GUS), Südafrika, Australien, Neuseeland*

und die afrikanischen Staaten (mit Ausnahme Ägyptens, Libyens und des Sudans).

7.3 Textkohäsion

Der Geschäftsbericht ist eine Art „guided tour" durch die Welt des Unternehmens. Er sollte alles vermeiden, was dem Leser das Verständnis dieser Welt erschwert, und jedes Mittel nutzen, das es ihm erleichtert. Eine der grundlegenden Maximen, die der Autor eines erläuternden Texts beherzigen sollte, lautet: „Mache die gedanklichen Strukturen deines Textes so explizit wie möglich!"

Wie die folgende Passage exemplifiziert, kann bereits ein einziges Argumentationssignal – in diesem Falle das Wörtchen *allerdings* – den Text deutlich leichter verständlich machen:

(10) *Die Baubranche litt unter Auftragsmangel. Selbst die historisch niedrigen Zinssätze für Hypotheken konnten daran nichts ändern. Der für unser Fensterprofilgeschäft wichtige Teilmarkt Altbausanierung hatte unter der negativen Entwicklung der Branche weniger zu leiden.*

(10') *Die Baubranche litt unter Auftragsmangel. Selbst die historisch niedrigen Zinssätze für Hypotheken konnten daran nichts ändern.* **Allerdings** *hatte der für unser Fensterprofilgeschäft wichtige Teilmarkt Altbausanierung weniger unter der negativen Entwicklung der Branche zu leiden.*

Was genau bewirkt die Konjunktion *allerdings* in dieser Passage? Sie sorgt dafür, dass der Leser die logische Struktur der Darstellung bereits zu Beginn des dritten Satzes durchschauen kann. Ohne diese Konjunktion erkennt er erst am Ende dieses Satzes, wenn er bei *weniger zu leiden* angekommen ist, dass das Fensterprofilgeschäft eine Ausnahme von der schlechten Situation darstellt. Wir haben in Kapitel 3 „Syntax" (S.92ff.) bereits gesehen, dass es syntaktische Holzwegsätze gibt, Sätze, die den

Leser zunächst auf die falsche syntaktische Spur locken. Hier haben wir es mit einem Satz zu tun, der den Leser inhaltlich auf den Holzweg führt. Der Leser nimmt an, dass ein Beispiel für die schlechte Situation gegeben wird und stellt dann am Ende des Satzes fest, dass ein Ausnahmebereich genannt wird. Jeder Holzweg ist ein Umweg, der die Kosten für den Leser erhöht, ohne den Nutzen zu steigern.

Geradezu gefährlich können unkommentierte, lakonische Feststellungen sein, die den Leser zu „wilden" Interpretationen einladen. So lautet beispielsweise der letzte Absatz eines Kapitels über Kunststoffe in seiner vollen Länge folgendermaßen:

(11) *Risiken für das Ergebnis liegen in der Rohstoffkostenentwicklung.*

Was ist an einer solchen Aussage gefährlich? Es ist ihre Trivialität! Erinnern Sie sich an folgenden Witz: Der Kapitän notiert im Logbuch: „Matrose Schmitz war gestern Abend betrunken", worauf der Matrose einen Tag später ins Logbuch schreibt: „Der Kapitän war gestern Abend nüchtern." Der Witz beruht darauf, dass der Matrose gegen einen pragmatischen Grundsatz des Kommunizierens verstößt, der da lautet: „Wenn etwas der Erwähnung verdient, muss es etwas Besonderes sein."

Bezogen auf Beispiel (11) bedeutet das, dass der Leser allen Grund hat, folgenden Schluss zu ziehen: „Dass in der Rohstoffkostenentwicklung Risiken für das Ergebnis liegen, das istselbstverständlich. Weshalb also wird das hier besonders erwähnt, und zwar ohne jeden Kommentar? Offenbar sieht das Unternehmen hier für sich ein derzeit besonders großes Risiko, möglicherweise eine Gefahr!" Wenn der Leser solche Schlüsse zieht, so ist das Gefühl, hinters Licht geführt zu werden, nicht weit. Und das ist der Grund, weshalb die unkommentierte Feststellung von Trivialitäten gefährlich sein kann.

Häufig anzutreffen sind triviale Feststellungen der folgenden Art:

(12) *Wir wollen auch künftig profitabel wachsen und damit den Wert unseres Unternehmens nachhaltig steigern.*

Hier wittert der Leser nicht Heimtücke, sondern Harmlosigkeit. Ein Bekenntnis, das auf jedwedes Unternehmen dieser Welt zutrifft, ist nicht geeignet, besondere Kreativität und Innovationskraft auszustrahlen.

Ein hervorragendes Mittel, dem Leser das Verständnis des Textes zu erleichtern, besteht darin, ihm Vorstrukturierungen anzubieten. Denn allgemein gilt folgender Grundsatz: Neues kann man leichter aufnehmen, wenn man in etwa weiß, was auf einen zukommt. Man sollte den Leser also gleichsam „vorwarnen". Das kann zum einen durch einen regelrechten Kapitelvorspann geschehen, wie wir ihn aus jeder Tageszeitung kennen, zum anderen aber auch durch kleinere in den Text eingestreute Strukturierungshilfen, wie etwa das in diesen Satz eingeflochtene *zum einen ... zum anderen*. Der Leser wird durch den Zusatz *zum einen* darauf eingestellt, dass er noch mit einem *zum anderen* zu rechnen hat. Noch deutlicher sagt es der Autor von (13), indem er die Anzahl der Faktoren explizit nennt:

(13) *Die Abweichung in der Steuerposition lässt sich auf zwei Faktoren zurückführen: Zum einen ... zum anderen ...*

Oft hat man als Autor das Problem, eine geeignete Überleitung zum nächsten Kapitel zu finden. Auch hier eignet sich eine vorstrukturierende Bemerkung sehr gut. Dem Autor von (14) ist es gelungen, mit seinem Satz ein Gelenk zu schaffen, das den vorausgehenden Abschnitt mit dem nachfolgenden ideal verbindet und außerdem dem Leser noch eine vorstrukturierende Verständnishilfe (*advance organizer*) gibt.

(14) *Wie solche innovativen Lösungen aussehen können, möchte ich Ihnen an den Beispielen Biotechnologie und Ressourcenschonung erläutern.*

An dieser Stelle sei nochmals explizit auf die vorstrukturierende Funktion von Fragen hingewiesen. Wie ich bereits im Kapitel „Interpunktion" (S.65ff.) erläutert habe, eignen sie sich besonders gut, den Leser auf das vorzubereitet, was ihn erwartet. Denn sie animieren ihn gleichzeitig zum Mitdenken.

(15)   *Welches sind unsere strategischen Ziele und in welchen Geschäftsfeldern kamen wir 1999 besonders gut voran?*

(16)   *Was sollten, was können Sie, verehrte Aktionärinnen und Aktionäre, von uns erwarten?*

Ein guter Text soll einen in sich geschlossenen Eindruck machen, so als sei er aus einem Guss. Eines von vielen Mitteln, die zu einem solchen Eindruck beitragen, sind Querverweise, wie wir sie in (17) und (18) finden. Mit ihnen macht der Autor deutlich, dass er den Leser nicht mit Redundanzen belästigen will (vgl. Kapitel 7.1.1 (S.166ff.)), und dass er die Gesamtstruktur seines Textes überblickt.

(17)   *Nähere Informationen zu der Geschäftsentwicklung in den einzelnen Sparten und Regionen finden Sie auf den Seiten 38-55.*

(18)   *Weitere Details zur Ertrags- und Vermögenslage entnehmen Sie bitte den finanzanalytischen Details auf den Seiten 44-48 dieses Berichtes.*

Mittlerweile sind Geschäftsberichte oft mehrbändige Werke, und vielfach wird der eigentliche Geschäftsbericht flankiert durch zusätzliche Berichte, wie beispielsweise den Umweltbericht oder einen Nachhaltigkeitsbericht. In diesem Fall sei daran erinnert, dass es sinnvoll sein kann, auch andere Broschüren in das Verweissystem mit einzubeziehen. Das Ziel, den Eindruck der Geschlossenheit zu erwecken, sollte sich im Idealfall auf die Gesamtheit der kommunikativen Maßnahmen des Unternehmens erstrecken.

Wir wollen auch hier das Kapitel mit den Kontrollfragen der Checkliste abschließen.

Checkliste Textaufbau

✓ Ist der Textaufbau wohl geordnet und transparent?
✓ Werden störende Redundanzen vermieden?
✓ Ist die Argumentation klar, stringent und plausibel?

Textaufbau

✓ Werden Zusammenhänge erläutert und nicht nur dargestellt?
✓ Wird der Leser mit sprachlichen Signalen durch den Text geführt?
  – Argumentations- und Kohärenzsignale
  – Vorstrukturierungen (advance organizers)
  – Querverweise

8. Textgestaltung

Während sich das vorherige Kapitel Aspekten des inneren Aufbaus von Texten widmete, wollen wir uns in den letzten beiden Kapiteln dieses Buches eher äußeren Aspekten des Textaufbaus zuwenden. Damit verlassen wir, inhaltlich gesehen, die Domäne der Sprachwissenschaft – nicht aber die des guten Textes. Die beste Sprache nützt nichts, wenn sich der Leser nicht im Text zurechtfindet und nicht findet, was er sucht. Beginnen will ich mit einem recht einfachen Problem, das aber, wie die Erfahrung zeigt, nicht immer leicht zu lösen ist. Es geht um Aufzählungen.

8.1 Aufzählungen

Sätze, die Aufzählungscharakter haben, haben auch die Tendenz, zu lang und somit schnell unübersichtlich zu werden. Betrachten wir das folgende Beispiel:

(1) *Das Lösungsportfolio wurde auf die vier Kernprozesse des Mittelstands zugeschnitten, nämlich Generierung zusätzlichen Geschäfts durch Nutzung des Internets, Steigerung der Kundenbindung durch Einsatz der Telekommunikation, Optimierung interner Prozesse durch verbesserten Informationsfluss und Stärkung der Beziehungen zu Geschäftspartnern durch Einsatz von branchenspezifischen Telekommunikationsplattformen und schnellen Netzzugängen.*

Dieses Problem lässt sich leicht dadurch lösen, dass man die Aufzählung mithilfe grafischer Mittel, zum Beispiel mit Spiegelstrichen, explizit und damit übersichtlicher macht:

(1')   *Das Lösungsportfolio haben wir auf die vier Kernprozesse des Mittelstands zugeschnitten:*

- *Generierung zusätzlichen Geschäfts durch Nutzung des Internets*
- *Steigerung der Kundenbindung durch Einsatz der Telekommunikation*
- *Optimierung interner Prozesse durch verbesserten Informationsfluss*
- *Stärkung der Beziehungen zu Geschäftspartnern durch Einsatz von branchenspezifischen Telekommunikationsplattformen und schnellen Netzzugängen*

Bei zahlenlastigen Aufzählungen ist die Übersichtlichkeit noch stärker belastet, wie ein Vergleich der beiden folgenden Formulierungen zeigt:

(2)   *Das Anlagevermögen erhöhte sich um 11,2 Prozent auf 395,8 Mio €; dabei entfielen 381,2 Mio € auf Sachanlagen, 5,0 Mio € auf immaterielle Vermögensgüter und 9,6 Mio € auf Finanzanlagen.*

(2')   *Das Anlagevermögen erhöhte sich um 11,2 Prozent auf insgesamt 395,8 Mio €. Diese Summe setzt sich wie folgt zusammen:*

- *Sachanlagen: 381,2 Mio €*
- *immaterielle Vermögensgüter: 5,0 Mio €*
- *Finanzanlagen: 9,6 Mio €*

All diese Beispiele habe die gleiche logische Struktur: Eine Aussage trifft auf eine Reihe von Faktoren zu. Die Gesamtaussage wird dadurch transparent, dass man die Aussage deutlich von den Faktoren trennt. Auch spielt die Vorstrukturierung, die wir im vorherigen Kapitel besprochen haben, eine Rolle: Der einleitende Satz der Aufzählung hat zugleich vorstrukturierende Funktion, indem er den Leser darauf vorbereitet, dass jetzt die Aufzählung der Faktoren kommt, auf die die Aussage des einleitenden Satzes zutrifft. Welche Tücken jedoch eine solche Aufzählung mit sich bringt will ich an folgendem Beispiel erläutern, das aus meiner Sicht insgesamt vier Fehler enthält:

(3) *Die Zugänge setzen sich im Wesentlichen zusammen aus:*
 – *erstmalige Konsolidierung ...*
 – *zusätzliche Anschaffungskosten infolge zusätzlichem Erwerb*
 – *...*

Es gibt prinzipiell zwei Möglichkeiten, die Aufzählung zu formulieren:

Erstens kann der Autor die aufgezählten Faktoren in die Konstruktion des einleitenden Satzes einbinden. Die hat der Autor von Beispiel (3) versucht. Wenn man diese Option wählt, ist die gesamte Aufzählung eine einzige Satzkonstruktion, die lediglich optisch gegliedert ist. Dann aber müssen auch die syntaktischen Bezüge innerhalb der Satzkonstruktion beachtet werden: Die Präposition *aus* regiert den Dativ, sodass die Nominalgruppen, die von *aus* abhängig sind, auch im Dativ stehen müssen. (In diesem Falle kommt noch ein Fehler anderer Art hinzu: Der Autor wusste nicht, dass *infolge* den Genitiv regiert.) Außerdem gibt es bei dieser Option keinen Grund, nach dem einleitenden Satzfragment einen Doppelpunkt zu setzen. Die korrekte Form von (3) muss somit folgendermaßen lauten:

(3') *Die Zugänge setzen sich im Wesentlichen zusammen aus*
 – *erstmaliger Konsolidierung,*
 – *zusätzlichen Anschaffungskosten infolge zusätzlichen Erwerbs,*
 – *...*

Zweitens kann der Autor für den einleitenden Teil einen in sich abgeschlossenen Satz formulieren. Eine Option, die wir in den Beispielen (1') und (2') gewählt haben. Damit sind die aufzählenden Faktoren aus der Konstruktion des Einleitungssatzes entlassen. Unser drittes Beispiel könnte dann wie folgt aussehen:

(3") *Die Zugänge setzen sich im Wesentlichen aus den folgenden drei Faktoren zusammen:*
 – *erstmalige Konsolidierung*

– zusätzliche Anschaffungskosten infolge zusätzlichen Erwerbs
– ...

Wenn die Liste der aufzuzählenden Faktoren lang ist, empfiehlt sich unbedingt die zweite Option. Sie ist leichter zu formulieren und auch für den Leser einfacher zu erfassen. In unserem Fall wirkt die Dativrektion der Präposition *aus* nicht mehr bis zur Aufzählungsliste, der einleitende Satz kann mit einem Doppelpunkt abgeschlossen werden, und die Aufzählung selbst kann im Nominativ stehen.

8.2 Diagramme

Texte, die Zahlenverhältnisse darstellen, enthalten meist Diagramme, deren Funktion es ist, die sprachliche Darstellung grafisch zu veranschaulichen. Dabei kann man oft beobachten, dass die Diagramme und Grafiken nach layoutästhetischen Gesichtspunkten in den Text eingefügt sind. Dagegen ist im Prinzip nichts einzuwenden, wenn gewährleistet ist, dass der Leser den Zusammenhang von Text und Diagramm mühelos erfasst. Das beste Mittel, dies sicherzustellen, besteht darin, dass auf das Diagramm in der entsprechenden Textstelle explizit hingewiesen wird, etwa mit einem Halbsatz der folgenden Art: „... wie die nebenstehende Grafik verdeutlicht." Natürlich kann sich eine solche Bemerkung hin und wieder erübrigen, aber es ist dennoch eine gute Form der Führung des Lesers, wenn man ihm sagt, an welcher Stelle seiner Lektüre er einen Blick auf die Grafik werfen sollte. Oftmals erübrigt sich auch die sprachliche Darstellung eines Sachverhaltes völlig, nämlich dann, wenn sich der Sachverhalt diagrammatisch klarer ausdrücken lässt als in Worten. Wer beispielsweise berichten möchte, wie viel Prozent der Belegschaft in Deutschland, den USA, Japan und in Australien beschäftigt sind, der kann das einfacher und deutlicher in Form eines Tortendiagramms tun als in Form vertexteter Zahlen. In einem solchen Falle genügt der Hinweis: „Die regionale Verteilung unserer Mitarbeiter ist dem folgenden Diagramm zu entnehmen".

8.3 Glossar und Stichwortregister

Nichts ist frustrierender als einen Text lesen zu müssen, den man nicht versteht, weil man terminologisch überfordert ist. Ein Autor der terminologisch überfordernde Texte verfasst, sorgt nicht nur dafür, dass der Leser möglicherweise wichtige Botschaften nicht versteht, er sorgt auch dafür, dass sich der Leser schlecht fühlt, weil er das negative Erlebnis der Überforderung erfährt. Mit anderen Worten, die exzessive Verwendung von Fachterminologie ist nicht nur unklug, sondern wirkt auch unverschämt. Kurz gesagt: Fachterminologie – vor allem die branchenspezifische – muss erläutert werden. Darauf haben wir bereits im Kapitel „Fachterminologie" (S.108ff.) hingewiesen. Eine Möglichkeit, dies zu tun, ist ein gutes Glossar. Was macht ein Glossar zu einem guten Glossar? Es kommt auf die Auswahl der Stichwörter und die Art der Erläuterungen an. Zwei typische Schwächen sind zu beobachten: Zum einen gibt es Glossare, die Begriffe erläutern, die man einem normalen Geschäftsberichtsleser eigentlich nicht erläutern muss. (4) und (5) sind Beispiele dafür, wie man nicht erklärungsbedürftige Begriffe schlecht erklären kann.

(4) *E-Mail – elektronische Post*

Schnelles und kostengünstiges Senden und Empfangen von elektronischer Post zwischen Computer-Anwendern über Mailboxen und Datennetze. Zur Bearbeitung von E-Mails ist ein E-Mail-Programm erforderlich, das mit dem zugehörigen Server in Verbindung steht.

(5) *DAX*

Deutscher Aktienindex, der im Abstand von je einer Minute während der laufenden Sitzung an der Frankfurter Wertpapierbörse auf Grund der aktuell gehandelten Preise ermittelt wird. Grundlage für die Berechnung dieses Index sind die gewichteten Kurse von 30 Standardwerten deutscher Aktien höchster Qualität.

Zum anderen gibt es Glossare, deren Erklärungen nicht weniger erklärungsbedürftig sind als die zu erklärenden Begriffe selbst, wie das bei (6) und (7) der Fall ist.

(6) *Freddy®-Technologie*

   Frequenzverdoppelter Dualpuls Nd: YAG Laser

(7) *Performance Polymers*

   Im Bereich Performance Polymers werden Polyamid 6 und 66, Produkte für Werkstoff- und Faseranwendungen, sowie deren Monomere (zum Beispiel Caprolactam und AH-Salz) produziert. Polyacetal, Polybutylenterephthalat und Polyethersulfon beziehungsweise Polysulfon komplettieren das Angebot an technischen Kunststoffen für Spritzguss- und Extrusionsanwendungen.

Man muss sich beim Erstellen eines Glossars immer fragen: Was soll mein Glossar leisten? Es muss keine Definitionen liefern, die den Standards wissenschaftlicher Präzision genügen! Es muss dem Leser des Geschäftsberichts ermöglichen, die Texte zu verstehen. Wirklich „wasserdichte" Definitionen zu geben, die auch der Fachmann als korrekt und erschöpfend bewertet, ist in vielen Fällen auf so knapp bemessenem Raum gar nicht möglich. Meist genügt es, dem Leser ein intuitives Verständnis zu vermitteln.

Einige wenige Geschäftsberichte enthalten außer dem Glossar noch ein Stichwortregister. Das ist ein lobenswerter Zusatzservice für den Leser, der aber verzichtbar ist, wenn das Inhaltsverzeichnis hinreichend detailliert ist. Wer sich aber den Luxus leistet, ein Stichwortverzeichnis anzulegen, der sollte eines nicht tun: die Seitenzahlen ausschließlich vom Computer finden lassen. Die Zahl der Belegstellen muss unbedingt von Hand reduziert werden auf diejenigen Belege, die wirklich zentral sind. Es nützt dem Leser nichts, wenn unter dem Stichwort „Umsatz" jede Seite genannt wird, die das Wort *Umsatz* enthält.

8.4 Kursorische Lektüre

Geschäftsberichte sind Texte, die man gemeinhin nicht wie einen Roman von vorne bis hinten durchliest. Die meisten Leser überfliegen die Seiten und bleiben da, wo ihr Interesse besonders geweckt wird, hängen. Diesen Lesegewohnheiten sollte ein guter Geschäftsbericht Rechnung tragen. Man kann dies auf unterschiedliche Weise tun: Am wichtigsten ist ein gutes Überschriftensystem – darauf komme ich im nächsten Kapitel zu sprechen. Man kann zusätzlich in Marginalien die Highlights zusammenfassen oder die Schlüsselbegriffe im Fließtext grafisch hervorheben. Auch grafisch abgesetzte Kapitelvorspanne erleichtern die kursorische Lektüre. In jüngster Zeit werden auch Techniken genutzt, wie wir sie von Websites kennen. Bekanntlich kann man sich im Internet leichter verirren als in einer gedruckten Broschüre, weil einem die haptische Information fehlt. *Lost in cyberspace* ist der Name dieser Horrorvision. So ist es nicht verwunderlich, dass gerade in diesem Bereich besondere Methoden der Orientierung und Navigationsinstrumente erprobt und entwickelt wurden. Einige davon lassen sich auf Druckerzeugnisse übertragen: die Nutzung von Farbkodes beispielsweise, um Kapitel voneinander abzugrenzen, und vor allem der Einsatz einer so genannten Navigationsleiste am oberen Seitenrand, die dem Leser zu jedem Zeitpunkt seiner Lektüre die Information gibt, wo er sich gerade befindet. Wichtig ist, dass man sich bei der Erstellung eines Geschäftsberichts Gedanken macht, wie man den Text so gestalten kann, dass er den Lektüregewohnheiten der antizipierten Leserschaft entgegenkommt. Hierzu folgende Checkliste:

Checkliste Textgestaltung

✓ Werden Aufzählungen optisch gegliedert?

✓ Sind die Diagramme und Tabellen explizit in den Text einbezogen?

✓ Ist ein Glossar bzw. ein Stichwortverzeichnis vorhanden?

✓ Sind die Stichworte sinnvoll ausgewählt und verständlich erläutert?

✓ Begünstigt der Text eine kursorische Lektüre?

9. Textgliederung

In diesem Kapitel wollen wir uns mit der Makrostruktur des Geschäftsberichts befassen und deren Abbildung im Inhaltsverzeichnis. Für beides gilt in ganz besonderer Weise, worauf ich im Laufe dieses Buchs immer wieder hingewiesen habe: Funktionalität ist auch hier die vornehmste Tugend. Der Text muss so in Kapitel gegliedert sein, dass der Leser erstens das Ordnungsprinzip versteht und zweitens mühelos findet, was er sucht. In Kapitel 8.4 auf Seite 183 haben wir festgestellt, dass ein Geschäftsbericht eine kursorische Lektüre begünstigen sollte, denn er wird gemeinhin nicht wie ein Roman von der ersten bis zur letzten Seite durchgelesen. Die Funktion der Kapitelgliederung und deren Abbildung im Inhaltsverzeichnis besteht in erster Linie darin zu ermöglichen, dass der Text selektiv gelesen werden kann. Selektiv und kursorisch, das sind die beiden Merkmale der Lesegewohnheiten, auf die ein Geschäftsbericht Rücksicht zu nehmen hat. Die Ästhetik der Seitengestaltung – etwa die Vermeidung von „Bleiwüsten" – gilt es natürlich ebenfalls zu berücksichtigen; sie darf aber nicht dazu führen, dass inhaltlich oder strukturell unmotivierte Kapitelüberschriften eingesetzt werden.

9.1 Hierarchie der Gliederung

Geschäftsberichtstexte haben in aller Regel eine hierarchische Struktur: Ein Hauptkapitel besteht aus mehreren Unterkapiteln, die wiederum in mehrere Unterkapitel gegliedert sind. Dabei hat sich ein System mit drei Hierarchieebenen bewährt. Ein Ausschnitt aus einer solchen Hierarchiestruktur könnte beispielsweise wie folgt aussehen:

> **Lagebericht**
> Vermögens- und Kapitalaufbau
> Eigenkapitalquote auf Vorjahresniveau

Wenn ein Text in mehr als drei Hierarchieebenen gegliedert ist, besteht die Gefahr, dass die Gliederung aufgrund ihrer Kleinteiligkeit an Übersichtlichkeit verliert. Bei weniger als drei Ebenen können die einzelnen Unterkapitel leicht zu umfangreich geraten. (Dabei handelt es sich selbstverständlich nur um empirisch gewonnene Richtwerte; je nach Umfang und Komplexität eines Hauptkapitels können sich auch andere Gliederungstiefen als vernünftig erweisen.) Bewährt hat es sich auch, lediglich die beiden ersten Hierarchieebenen im Inhaltsverzeichnis abzubilden, sodass die dritte Ebene als Kapitelüberschrift nur im Text auftaucht. Prinzipiell ist zu empfehlen, im Inhaltsverzeichnis dieselbe Überschriftenformulierung zu wählen wie im Text. Wenn beispielsweise im Text ein Unterkapitel des Lageberichts mit „Märkte und wirtschaftliche Rahmenbedingungen" überschrieben ist, so sollte diese Formulierung im Inhaltsverzeichnis nicht zu „Märkte" verkürzt werden. Formulierungsdifferenzen zwischen Text und Inhaltsverzeichnis sind potenzielle Quellen für Verwirrung des Lesers.

9.2 Format der Überschriften

Es gibt prinzipiell zwei Formate, in denen Überschriften formuliert sein können: das klassifizierende und das sprechende Format. „Umsatz" ist ein Beispiel für eine klassifizierende Überschrift, „Umsatz deutlich gestiegen" ein Beispiel für eine sprechende Überschrift. Beide Formate haben Vorteile, die sich funktional nutzen lassen, und Nachteile, die man bedenken sollte. Die klassifizierende Überschrift ist unspezifischer aber auch klarer, die sprechende hingegen ist informativer. Folgende Schwäche ist relativ häufig zu beobachten: Ein Unternehmen berichtet, dass in Asien der Umsatz deutlich gestiegen ist, während er in den USA aufgrund des Wechselkurses zurückging, und es stellt diesen Bericht unter die Überschrift „Umsatz deutlich gestiegen". Dies sollte man nicht tun, denn der Leser wird – je nach Verfassung – entweder auf Unbeholfenheit des Autors oder auf bewusste Irreführung schließen. Aus unseren Beobachtungen lässt sich eine allgemeine Empfehlung ableiten: Sprechende Überschriften eignen sich hervorragend für die dritte (beziehungsweise tiefste) Hierarchieebene, wo die Kapitel relativ kurz und inhaltlich homogen sind; für die ersten beiden Ebenen, die dann selbst noch Unterkapitel haben, sind klassifizierende Überschriften besser geeignet. Hinzu kommt, dass klassifizierende Überschriften im Inhaltsverzeichnis klarer wirken als sprechende Überschriften. Wenn man sich für das eine oder andere Überschriftenformat entscheidet, sollte man darauf achten, dass man das System konsequent durchhält. Mit anderen Worten: Es empfiehlt sich, die Überschriften der dritten Ebene prinzipiell sprechend oder prinzipiell klassifizierend zu gestalten. Denn das Überschriftenformat selbst ist eine zusätzliche Orientierungshilfe. Allerdings sollte man auch hier nicht das Prinzip über den Verstand stellen. Ein Reihe von Geschäftsberichtsautoren greifen in ihrer Verzweiflung – vermutlich um das Gliederungsprinzip nicht durchbrechen zu müssen – zu sprechenden Überschriften der nichts sagenden Art: „Wichtige Vorgänge des Geschäftsjahres".

Mithilfe der folgenden Checkliste lässt sich überprüfen, ob die Gliederung den Prinzipien, die ich in diesem Kapitel erläutert habe, genügt.

Checkliste Textgliederung

✓ Ist der Text systematisch mittels Überschriften erschlossen?

✓ Passen die Überschriften formal und logisch zueinander?

✓ Entsprechen die Überschriften den Inhalten der Abschnitte beziehungsweise der Kapitel

✓ Gibt das Inhaltsverzeichnis den Textaufbau korrekt wieder?

Literatur

Badura, Bernhard (1992): „Mathematische und soziologische Theorie der Kommunikation" In: Roland Burkart, Walter Hömberg (Hg.) *Kommunikationstheorien. Ein Textbuch zur Einführung*. Wien: Braunmüller.

Baetge, Jörg / Kirchhoff, Klaus R. (1997): *Der Geschäftsbericht*. Wien [u. a]: Ueberreuter.

Baetge, Jörg / Brötzmann, Ingo (2003): „Die Geschäftsberichterstattung – Anforderungen und empirische Befunde" In: Horst Albach, Willy Kraus (Hg.): *Werte, Wettbewerb und Wandel. Botschaften für morgen. Gedenkschrift für Carl Zimmerer.* Wiesbaden: Deutscher Universitäts-Verlag: 9-39.

Baurmann, Michael / Lahno, Bernd (2001): „Vertrauen, Kooperation und große Zahlen" In: Rainer Schmalz-Bruns (Hg.): *Politisches Vertrauen*. Baden-Baden: Nomos.

Becker-Mrotzek, Michael / Fiehler, Reinhard (2002): *Unternehmenskommunikation*. Tübingen: Gunter Narr.

Bextermöller, Matthias (2001): *Empirisch-linguistische Analyse des Geschäftsberichts*. Phil. Diss. Dortmund.

Bungarten, Theo (Hg.) (1994): *Unternehmenskommunikation: Linguistische Analysen und Beschreibungen*: Tostedt: Attikon.

Claassen, Jürgen (2003): „ThyssenKrupp AG" In: Manfred Piwinger (Hg.): *Ausgezeichnete Geschäftsberichte. Von Profis lernen: Fallbeispiele außergewöhnlicher Präsentationen.* Frankfurt am Main: F.A.Z.-Institut für Management-, Markt- und Medieninformationen.

Clausewitz, Carl von (1832/1990): *Vom Kriege*. Augsburg: Weltbild-Verlag.

Fiehler, Reinhard / Barden, Birgit / Elstermann, Mechthild / Kraft, Barbara 2004: *Eigenschaften gesprochener Sprache*. Tübingen: Gunter Narr.

Gazdar, Kaevan / Kirchhoff, Klaus R. (1999): *Geschäftsbericht ohne Fehl und Tadel.* Neuwied: Hermann Luchterhand.

Goethe, Johann Wolfgang von (1774/1997): *Die Leiden des jungen Werthers.* München: Dt. Taschenbuch-Verlag.

Gohr, Martina (2003): *Geschäftsbericht und Aktionärsbrief – eine textsortenlinguistische Analyse mit anwendungsbezogenen Aspekten.* Düsseldorf.

Hütten, Christoph (2000): *Der Geschäftsbericht als Informationsinstrument.* Düsseldorf: Hagemann.

Juchem, Johann G. (1988): *Kommunikation und Vertrauen.* Bonn: Alano

Koch, Peter / Oesterreicher, Wulf (1994): „Schriftlichkeit und Sprache" In: Günther, Hartmut / Ludwig, Otto (Hg.): *Schrift und Schriftlichkeit. Ein interdisziplinäres Handbuch internationaler Forschung.* Berlin, New York: Walter de Gruyter: 587-604.

Lahno, Bernd (2002): *Der Begriff des Vertrauens.* Paderborn: Mentis

Leurs, Annette (2005): *Geschäftsberichte: „Können narrative Strukturen die Memorabilität steigern?".* Düsseldorf.

Martinez, Matias / Scheffel, Michael (2002): *Einführung in die Erzähltheorie.* 3. Aufl. München: C. H. Beck.

Mast, Claudia (2002): *Unternehmenskommunikation. Ein Leitfaden.* Stuttgart: Lucius & Lucius.

Müller-Funke, Wolfgang (2002): *Die Kultur und ihre Narrative. Eine Einführung.* Wien, New York: Springer.

Naumann, Michael (2000): „Erzählen. Einige anthropologische Überlegungen" In: Ders.: *Erzählte Identitäten: Ein interdisziplinäres Symposium.* München: Fink: 280-294.

Park, Hyon-Sun (2003): *Tempusfunktionen in Texten.* Frankfurt [u. a.]: Peter Lang.

Peters, Silke (2004): *Narrativität im Geschäftsbericht.* Magisterarbeit der Philosophischen Fakultät der Heinrich-Heine-Universität Düsseldorf

Piwinger, Manfred / Ebert, Helmut: *Schlechte Noten für DAX-Unternehmen. Aktionärsbriefe im Geschäftsbericht verschenken Vertrauensgewinne.* In: PR Guide, 12/2001.

Polenz, Peter von (1994): *Deutsche Sprachgeschichte II.* Berlin [u. a]: Walter de Gruyter.

Radtke, Petra (1998): *Die Kategorien des deutschen Verbs: zur Semantik grammatischer Kategorien.* Tübingen: Gunter Narr.

Schulmann, Wibke (2002): *Passivkonstruktionen in Geschäftsberichten.* Magisterarbeit der Philosophischen Fakultät der Heinrich-Heine-Universität Düsseldorf.

Schulz, Michael (1999): *Aktienmarketing.* Sternenfels: Verlag Wissenschaft und Praxis.

Shannon, Claude E. / Weaver, Warren (1949): *The mathematical theory of communication.* Urbana, IL: University of Illinois Press (Dt.: *Mathematische Grundlagen der Informationstheorie* (übersetzt von Helmut Dreßler). München 1976: Oldenbourg).

Stegman, John D. (1987): "Style and Arrangement in Corporate Annual Reports" In: *Working Paper Series.* College of Business, The Ohio State University 110: 3-46.

Thommen, Jean-Paul (1993): „Glaubwürdigkeit als unternehmerische Herausforderung" In: *Management Zeitschrift* 9/1993: 41-44.

Wittgenstein, Ludwig (1989): *Tractatus logicus-philosophicus.* Frankfurt am Main: Suhrkamp.

Watzlawick, Paul / Beavin, Janet H. / Jackson, Don D. (1971): *Menschliche Kommunikation.* Bern: Huber-Verlag.

Zifonun, Gisela (2003): „Was geschieht, wenn *dessen* einen Genitiv trifft?" *Sprachreport* Heft 3/2003: 18-22.

Glossar

Adjektiv das; Eigenschaftswort, meist deklinierbar und komparierbar: *erforderlich, weiß, kommunikativ.*

Adjektivattribut das; ein Adjektiv in der Funktion eines Attributs: *die große Firma, das neue Produkt.*

Adverb das; Umstandswort; ein meist unflektierbares Wort, das einen lokalen, temporalen, modalen oder kausalen Umstand angibt: *er ist oben, sie kommt vermutlich, er kam öfter nach Bonn.*

Akkusativ der; Wenfall; der Kasus, der auf die Frage *wen?* oder *was?* antwortet: *Ich sehe (wen?) dich.*

Aktiv das; Tätigkeitsform; verbale Kategorie (Genus Verbi) neben dem Passiv, die ein Geschehen als „täterzugewandt" darstellt: *Lotte küsst den Fritz* Gegensatz: Passiv: *Fritz wird von Lotte geküsst.*

Apposition die; eine nähere Bestimmung zu einem Substantiv oder einem Pronomen, die im selben Kasus steht wie das Bezugswort: Im Satz *Herr Müller, ein bekannter Schriftsteller, kommt morgen zu Besuch* ist *ein bekannter Schriftsteller* eine Apposition zu *Herr Müller.*

Artikel der; eine Wortart, die das Genus eines Substantivs bezeichnet: *der* ist der bestimmte und *ein* der unbestimmte maskuline Artikel.

Attribut das; eine nähere Bestimmung, besonders zu einem Substantiv oder einem Pronomen: *der kleine Mann; der Mann, der dort steht.*

Bezugswort; das Wort, worauf sich ein anders Wort bezieht.

Dativ der; Wemfall; der Kasus, der auf die Frage *wem?* antwortet: *Ich helfe (wem?) dir.*

Deklination; Beugung; die Bildung der vier Kasus eines Substantivs, Adjektivs, Pronomens und Artikels.

dekodieren; Entschlüsselung kodierten Nachricht.

Demonstrativpronomen das; ein hinweisendes Pronomen wie *dieser* oder *jener*: *in **diesem** Bereich*.

deverbal; von einem Verb abgeleitet: *Eroberung* ist eine deverbale Ableitung von *erobern*.

Diktion; mündliche oder schriftliche Ausdrucksweise.

Enkodierung die; Verschlüsselung einer Nachricht mit Hilfe eines Kodes.

Finalsatz; Zwecksatz; Gliedsatz, der die Absicht, den Zweck angibt: *Er hörte auf zu rauchen, **um Geld zu sparen**.*

finit; ein in Person, Numerus, Tempus, Modus und Genus Verbi bestimmte Verbform; im Unterschied zum Infinitiv und Partizip.

Funktionsverbgefüge; Verbalform, die aus der festen Verbindung von Substantiv und Funktionsverb besteht: *zur Durchführung bringen, zum Einsatz kommen*.

Futur I das; Zukunft; das Tempus des Verbs, das mit *werden + Infinitiv* gebildet wird: *er **wird kommen**.*

Futur II das; Vorzukunft; das Tempus des Verbs, das mit *werden + Partizip 2 + haben* oder *sein* gebildet wird: *er **wird** das bis Januar **erledigt haben**.*

Genitiv der; Wesfall; der Kasus der auf die Frage *wessen?* Antwortet: *Wir Gedenken (wessen?) seiner.*

Genitivkette die; mehrere hintereinander stehende Genitivattribute: *die Versicherung **des Risikos des Ausfalls der Produktion**.*

Genus das; grammatisches Geschlecht; jedes deutsche Substantiv gehört zu einer der drei Klassen der Maskulina, Feminina oder Neutra: ***der** Löffel, **die** Gabel, **das** Messer*.

Deklination; Beugung; die Bildung der vier Kasus eines Substantivs, Adjektivs, Pronomens und Artikels.

dekodieren; Entschlüsselung kodierten Nachricht.

Demonstrativpronomen das; ein hinweisendes Pronomen wie *dieser* oder *jener*: *in diesem Bereich.*

deverbal; von einem Verb abgeleitet: *Eroberung* ist eine deverbale Ableitung von *erobern.*

Diktion; mündliche oder schriftliche Ausdrucksweise.

Enkodierung die; Verschlüsselung einer Nachricht mit Hilfe eines Kodes.

Finalsatz; Zwecksatz; Gliedsatz, der die Absicht, den Zweck angibt: *Er hörte auf zu rauchen,* ***um Geld zu sparen.***

finit; ein in Person, Numerus, Tempus, Modus und Genus Verbi bestimmte Verbform; im Unterschied zum Infinitiv und Partizip.

Funktionsverbgefüge; Verbalform, die aus der festen Verbindung von Substantiv und Funktionsverb besteht: *zur Durchführung bringen, zum Einsatz kommen.*

Futur I das; Zukunft; das Tempus des Verbs, das mit *werden + Infinitiv* gebildet wird: *er **wird kommen**.*

Futur II das; Vorzukunft; das Tempus des Verbs, das mit *werden + Partizip 2 + haben* oder *sein* gebildet wird: *er **wird** das bis Januar **erledigt haben**.*

Genitiv der; Wesfall; der Kasus der auf die Frage *wessen?* Antwortet: *Wir Gedenken (wessen?) seiner.*

Genitivkette die; mehrere hintereinander stehende Genitivattribute: *die Versicherung **des Risikos des Ausfalls der Produktion**.*

Genus das; grammatisches Geschlecht; jedes deutsche Substantiv gehört zu einer der drei Klassen der Maskulina, Feminina oder Neutra: ***der** Löffel,* ***die** Gabel,* ***das** Messer.*

Genus Verbi das; verbale Kategorie zur Kennzeichnung eines Geschehens als „täterzugewandt" (Aktiv) oder „täterabgewandt" (Passiv).

Grundwort; ein Teilausdruck des Kompositums, der im Deutschen immer rechts steht und die grammatischen Eigenschaften des gesamten Kompositums bestimmt: In dem Kompositum *Gartenschlauch* ist *Schlauch* das Grundwort des Kompositums und *Garten* das Bestimmungswort.

Hilfsverb das; die Verben *sein, haben* und *werden*, mit denen sowohl die zusammengesetzten Zeiten bzw. das Passiv eines Verbs gebildet werden.

Imperativ der; Befehlsform: *geh!*

Infinitiv der; Grundform eines Verbs: *machen, kaufen* – im Gegensatz zu den finiten Formen: *er macht, er verkaufte.*

Infinitivkonstruktion die; satzähnliche Konstruktion, dessen Verb im Infinitiv steht: *Er kam, um die Waren abzuholen. Ich liebe es, spazieren zu gehen.*

Interpretation die; Analyse des Sinns einer schriftlichen oder mündlichen Äußerung.

Interpunktion die; Zeichensetzung.

Kanal der; dasjenige, was die Übertragung von Informationen ermöglicht.

Kasus der; Fall; morphologische Kategorie der Deklination; die vier Fälle des Deutschen heißen Nominativ, Genitiv, Dativ und Akkusativ.

Kode der; ein System von Regeln und Zeichen zum Verschlüsseln einer Nachricht.

Kohärenz die; textbildender bzw. sinnstiftender Zusammenhang von Sätzen, der alle Arten satzübergreifender grammatischer und semantischer Beziehungen umfasst.

Kommunikation die; ein Handlungsprozess, der darauf abzielt, von einem oder mehreren Adressaten interpretiert zu werden.

Komparativ der; eine Steigerungsform des Adjektivs, die eine Zunahme von Qualität, Quantität o. Ä. ausdrückt: *leiser* ist der Komparativ zu *leise*.

Kompositum das; ein Wort, das aus zwei – oder mehreren – selbständigen Wörtern zusammengesetzt ist: Der Ausdruck *Börsenkurs* ist ein Kompositum, das aus den Substantiven *Börse* und *Kurs* besteht.

Konjugation die; Beugung des Verbs nach Person, Numerus, Tempus, Modus und Genus Verbi.

Metapher die; bildliche Übertragung mittels der Sprache: In dem Ausdruck, *der Himmel weint*, ist das Wort *weint* metaphorisch verwendet.

Modalpartikel die; Abtönungspartikel; eine Klasse von Partikeln die vornehmlich im mündlichen Sprachgebrauch verwendet wird: *Komm mal her, Sie ist ja verheiratet*.

Morphem das; die kleinste bedeutungstragende Einheit in der Sprache; Ausdrücke, die nicht mehr zergliedert werden können, ohne ihre bedeutungstragende Funktion zu verlieren: Der Ausdruck *Dank-bar-keit-en* besteht aus vier Morphemen.

Morphologie die; die Lehre der Bildung von Wortformen mit Hilfe von Morphemen.

Nominalgruppe; eine Gruppe, die aus einem Nomen besteht (Substantiv oder Pronomen) und seinen Begleitern (Artikel und gegebenenfalls Attribut): *der bissige Hund*.

Nominalklammer; eine komplexe Nominalgruppe, die von dem Artikel und dem Nomen umklammert wird: ***Die** aus vier Mitgliedern bestehende **Gruppe***.

Nominativ der; Werfall; der Kasus, der auf die Frage *wer?* oder *was?* antwortet: (*was?*) ***Meine Aktien*** *sind gestiegen*.

Numerus der; Zahl; die Deutsche Sprache verfügt über zwei Numeri: *Singular* (Einzahl) und *Plural* (Mehrzahl).

Orthographie die; Rechtschreibung.

Partikel die; Gesprächswort; unflektierbares Wort zur Angabe des Grades oder der Intensität, zur Hervorbringung, zum Ausdruck einer inneren Einstellung.

Partizip das; Mittelwort; infinite Form des Verbs; Partizip 1: *bebend, verlierend*; Partizip 2: *gelebt, verloren*.

Passiv das; Leideform; verbale Kategorie (Genus Verbi) neben dem Aktiv, die ein Geschehen als „täterabgewandt" darstellt: *Fritz **wird** von Lotte geküsst.* Gegensatz: Aktiv: *Lotte **küsst** den Fritz.*

Perfekt das; Tempus des Verbs – gebildet aus einer finiten Form von *haben* oder *sein* + *Partizip 2*: *hat gegessen, ist geschwommen*.

Persuasion die; Kommunikation mit dem Ziel, den anderen nicht nur zu informieren, sondern auch zu überzeugen.

Phrase die; ein Satz oder ein Teil eines Satzes.

Plural der; Mehrzahl; einer der beiden Numeri des Deutschen.

Plusquamperfekt das; vollendete Vergangenheit; Vorvergangenheit; Tempus, das den Vollzug oder Abschluss eines Geschehens als gegebene Tatsache für einen Zeitpunkt der Vergangenheit feststellt: In dem Satz *Er hatte gegessen* ist *hatte gegessen* das Plusquamperfekt von *essen*. In Sätzen, in denen zwei Ereignisse in der Vergangenheit in Beziehung gesetzt werden, signalisiert das Plusquamperfekt, dass dieses Ereignis in Bezug auf das andere bereits abgeschlossen ist: *Als ich ankam, hatten sie bereits gegessen.*

Possesivpronomen das; Untergruppe der Pronomen; besitzanzeigendes Fürwort: *mein, dein, sein*. Es verhält sich syntaktisch, wie der unbestimmte Artikel *ein*.

Prädikat das; Satzaussage; das die Struktur des Satzes bestimmende (ein- oder mehrteilige) Verb: *Fritz **läuft** nach Hause.*

Präfix das; Vorsilbe; ein unselbständiges Morphem, der vorne an ein Wort oder einen Wortstamm angefügt wird: ***un**freundlich*.

Präposition die; Verhältniswort; unflektierbares Wort, das die Beziehung, das Verhältnis zwischen Wörtern kennzeichnet; Präpositionen regieren immer einen Kasus: *Das Buch liegt **auf** dem Tisch.*

Präpositionalattribut das; aus einer Präpositionalphrase gebildetes Attribut: *Das Haus **von** meinem Vater.*

Präsens das; Gegenwartstempus: *er geht* ist Präsens von *gehen.*

Präteritum das; Vergangenheitstempus: *er schlief* ist Präteritum von *schlafen*

Pronomen das; Fürwort; deklinierbares Wort, Stellvertreter eines Nomens: *er, sie.*

Referenz die; sprachliche Bezugnahme, auf eine außersprachliche Entität.

Relativpronomen das; bezügliches Fürwort; Pronomen, das sich auf ein vorausgehendes Nomen bezieht und einen Relativsatz einleitet: *das Kind, **das** den Ball in der hand hat.*

Relativsatz; Attributsatz, der durch ein Relativpronomen eingeleitet wird: *das Kind, **das den Ball in der Hand hat**.*

Satzklammer (Verbalklammer) die; eine Konstruktion, bei der der finite Teil und der infinite Teil des Prädikats den Restsatz umklammert: *Er **hat** sich, trotz der geänderten Umstände, nicht **entschuldigt**.*

Schachtelsatz der; ein langer, komplizierter Satz in dem untergeordnete Sätze in übergeordnete eingebettet sind: *Er sah, als er kam, die Frau, die den Hund, der bellte, schlug.*

Semantik die; die Lehre von der Bedeutung sprachlicher Zeichen (Wörtern, Sätzen)

Singular der; Einzahl; einer der beiden Numeri des Deutschen.

Sinn-Implikationen die; Folgerungen, die aus einer Äußerung abgeleitet werden können.

Subjekt das; Satzgegenstand; Satzglied, in dem dasjenige genannt ist, worüber – mit Hilfe des Prädikats – eine Aussage gemacht wird: In dem Satz *Hans kaufte gestern 1.000 Aktien* ist *Hans* das Subjekt.

Subjekt (implizites) das; das Subjekt einer Infinitivkonstruktion, das aus dem übergeordneten Satz erschlossen werden muss: *Fritz hört auf zu rauchen, **um wieder gesund zu werden**.* Fritz ist das implizite Subjekt der Infinitivkonstruktion.

Substantiv das; Nennwort, Nomen; ein Wort, das ein Ding, einen Menschen, ein Tier, einen Begriff o. Ä. bezeichnet; die meisten Substantive haben eine Singular- und eine Pluralform und alle haben ein Genus, das durch den Artikel angezeigt wird.

Substantivierung die; die Bildung eines Substantivs aus einem Wort einer anderen Wortart: *schenken – die Schenkung, kühn – die Kühnheit*.

Symptom das; Anzeichen; ein Zeichen, das in einer kausalen Beziehung zu dem Bezeichneten steht: Rauch ist Symptom für Feuer.

Synonymie die; Relation der Bedeutungsgleichheit bzw. Sinngleichheit von zwei Wörtern: *anfangen – beginnen, fast – beinahe, schon – bereits*.

Syntax die; die Lehre vom Satzbau.

Tempus der; die Zeitform des Verbs; im Deutschen gibt es sechs Tempora: Präsens: *er schreibt*, Präteritum: *er schrieb*, Perfekt: *er hat geschrieben*, Futur I: *er wird schreiben*, Plusquamperfekt: *er hatte geschrieben*, Futur II: *er wird geschrieben haben*.

Verb das; Zeitwort; die Wortart, dessen Wörter konjugierbar sind: *singen, haben, wollen, sein*.

Vollverb das; Verb mit der Fähigkeit, allein das Prädikat eines Satzes bilden zu können: *Das Auto **steht** auf der Strasse* (Gegensatz: Hilfsverb, Modalverb, Kopulaverb).

Vorfeld das; die syntaktische Satzposition, die sich vor dem finiten Verb des Hauptsatzes befindet: ***Obwohl er die ganze Nacht geschlafen hatte**,* *fühlte er sich immer noch müde: fühlte* ist das finite Verb des Hauptsatzes; alles was links davor steht bildet das Vorfeld.

Zeitadverb das; ein Adverb, mit temporaler Bedeutung: *jetzt, seither, gestern.*

Zustandspassiv das; eine dem Passiv ähnliche Form, gebildet aus dem Hilfsverb *sein* und dem Partizip II eines Vollverbs: *die Tür* **ist geschlossen.**

Stichwortverzeichnis

A
Abkürzung 109
Adjektiv 46, 63, 94, 107, 108
Adressatenbezug 159
Adverb 164
  Zeit- 81, 85
Akkusativ 18, 76, 80
Akkusativobjekt 99, 105
Aktionärsbrief 144, 147, 163
Aktiv 17, 125, 127
Anredeformel 159
Apposition 80
Argumentationslogik 135, 164, 168
Attribut 90, 97, 131
Aufzählung 177, 180
Auslassungszeichen 64, 70

B
Bild 116
Bindestrich 64
Botschaft 20, 30, 85, 138, 143, 152, 165
Brief 83, 144, 148
Bürokratendeutsch 122

D
Dativ 76, 179
Demonstrativpronomen 81

Diagramme 180
Doppelpunkt 65, 180

F
Fachterminologie 52, 108, 181
Farbkode 183
Floskeln 132
Fokussierung 104
Fragen 30, 66, 154
Funktionsverbfügung 125
Futur I 81
Futur II 81

G
Genitiv 76, 95, 133, 179
Geschäftsbericht 15, 119-128, 148-152
Getrennt- und Zusammenschreibung 62
Gliederung 66, 167, 184
Glossar 52, 110, 181

H
Holzwegsatz 105, 128
Humor 145

I
Infinitivkonstruktion 93

Information 34, 41, 43, 165, 183
Informationsveredelung 44
Inhaltsverzeichnis 185

K
Kasus 74, 105
Kommunikation 9, 19, 34, 62
  manipulative 23
  Strategie 48
  und Vertrauen 38
  Unternehmens- 49, 129, 143
Kommunikationsmedium 161
Kommunikationsziel 31
Kompetenz 35, 153
Kompositum 64, 90
Kosten-Nutzen-Kalkulationen 31

L
Lagebericht 17, 138, 149, 165
Lektüre 143, 183
Lesereindruck 155
Leserorientierung 32
Lesevergnügen 35, 51, 135
Literarizität 113, 131

M
Metapher 19, 116, 117, 143, 144
Morphologie 55, 68
Motiv 36, 142
Motto 142

N
Narrativität 135
Nominativ 18, 180
Numerus 69, 73

O
Orthografie 59

P
Passiv 17, 75, 126
Perfekt 81, 161
Persuasion 34
Plusquamperfekt 81
Prädikat 52, 69, 73, 93, 98, 124
Präposition 76, 180
Präsens 81, 87
Präteritum 81
Protokoll 28, 151

Q
Querverweise 167, 175

R
Rechtschreibung 55, 60, 62, 65
Redundanz 36, 123, 166, 175
Repräsentationsfunktion 152, 159
Risikoeinschätzung 42

S
Satzlänge 97
Schachtelsatz 102
Sinn-Nuancen 104
Slogan 142, 145
Stichwortverzeichnis 182

Stil 17, 24, 51, 83, 95, 113, 121, 130, 145, 161
Subjekt 69, 74, 89, 94, 99, 128
Substantiv 68, 73, 81, 88, 95, 105, 124
Substantivhäufung 124
Synergie-Effekt 117
Synonym 112
Syntax 17, 89, 92, 104

T
Tempus 81, 83, 86, 99, 101
Text 136-139, 164-176

U
Überschrift 146, 186
überzeugen 24, 34, 51
Unterkapitel 185

V
Verb 74, 86, 99, 115, 124
Verständlichkeit 18, 100
Vertrauensbildung 30, 38, 50, 153
Vorfeld 97
Vorstellung 147
Vorstrukturierungen 174

W
wir-Stil 130
Wortwahl 21, 55, 111, 115
Wortwiederholungen 111

Z
Ziffernhäufung 64

Der Autor

Prof. Dr. Rudi Keller ist seit 1978 Professor für germanistische Linguistik an der Heinrich-Heine-Universität Düsseldorf. Er hat in Heidelberg Germanistik und Kunstgeschichte studiert und dort im Jahr 1974 mit einer sprachtheoretischen Arbeit zur Theorie der Präsuppositionen promoviert. Von 1992 bis 1994 war er Vorsitzender der Deutschen Gesellschaft für Sprachwissenschaft, von 1994 bis 1998 Dekan der Philosophischen Fakultät der Hein-  rich-Heine-Universität Düsseldorf, und seit 1996 ist er Juror für das Segment „Sprache" in dem Wettbewerb „Der beste Geschäftsbericht", der jährlich von der Zeitschrift manager magazin veranstaltet wird.

Seine Hauptforschungsgebiete sind Sprachwandel, Zeichentheorie und Unternehmenskommunikation. Arbeiten von ihm wurden übersetzt ins Englische, Russische, Koreanische und Portugiesische. Er verfügt über langjährige Erfahrungen in der sprachlichen Beratung von Aktiengesellschaften und hält regelmäßig Vorträge und Seminare in Unternehmen über Themen aus dem Bereich der Unternehmenskommunikation.

Weitere Informationen zum Autor und Kontaktmöglichkeiten finden Sie unter:

www.phil-fak.uni-duesseldorf.de/rudi.keller

Mitarbeiter erfolgreich führen

Feedback-Instrumente

Dies ist das erste Buch, das Feedbackinstrumente und Feedbackprozesse in Unternehmen umfassend behandelt. Das Autorenteam gibt konkrete Gestaltungshinweise und schildert Beispiele aus renommierten Unternehmen (BMW, Continental, Lufthansa, SAP ...).

Ingela Jöns / Walter Bungard (Hrsg.)
Feedbackinstrumente im Unternehmen
Grundlagen, Gestaltungshinweise, Erfahrungsberichte
2005. 552 S.Br.
EUR 49,90
ISBN 3-409-12738-0

Mehr Motivation durch Zielvereinbarungen

Der bewährte kompakte Leitfaden mit vielen Checklisten, Tipps und aktuellen Informationsquellen. Jetzt in der 3. Auflage mit weiteren Beispielen.

Eckhard Eyer /
Thomas Haussmann
Zielvereinbarung und variable Vergütung
Ein praktischer Leitfaden –
nicht nur für Führungskräfte
3., erw. Aufl. 2005. Ca. 180 S. Br.
Ca. EUR 37,90
ISBN 3-409-31682-5

Konkrete Anleitung für die operative Ausgestaltung von Kompetenzmanagement

Kompetenz besteht im Wesentlichen in der Fähigkeit, situationsadäquat zu handeln. Dieses Buch beschreibt, wie Unternehmen die Kompetenzen der Mitarbeiter systematisch identifizieren, nutzen, entwickeln und absichern können. Zahlreiche Beispiele aus namhaften Unternehmen verschiedener Branchen und Größe werden vorgestellt.

Klaus North / Kai Reinhardt
Kompetenzmanagement in der Praxis
Mitarbeiterkompetenzen systematisch identifizieren, nutzen und entwickeln.
Mit vielen Fallbeispielen.
2005. Ca. 220 S. Geb.
Ca. EUR 44,90
ISBN 3-409-14316-5

Änderungen vorbehalten. Stand: Juli 2005.
Erhältlich im Buchhandel oder beim Verlag.

Gabler Verlag · Abraham-Lincoln-Str. 46 · 65189 Wiesbaden · www.gabler.de